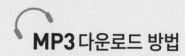

MP3 다운로드 방법

컴퓨터에서 ➤ • 네이버 블로그 주소란에 **www.lancom.co.kr** 입력 또는
네이버 블로그 검색창에 **랭컴**을 입력하신 후 다운로드

• **www.webhard.co.kr**에서 직접 다운로드
아이디 : lancombook
패스워드 : lancombook

엄마가 골라주는
끼리끼리 초등 영단어

지은이 김주영

지은이는 학생들이 '선생님, 영어가 정말 재미있어요!'라는 말이 제일 듣기 좋다는 똑부러지는 선생님이다. 주입식 영어교육은 이제 그만! 어린이들이 쉽고 재미있게 영어를 배울 수는 없을까? 어떻게 하면 영어에 흥미를 가질 수 있을까? 매일이 고민인 영어 선생님이자 열혈 엄마로서, 재미없는 수동적 영어 공부가 아닌 다양한 자료를 활용한 능동적이고 재미있는 영어 학습서 개발에 힘쓰고 있다.

저서
영어시험 만점받는 초등필수 영단어 1000
영어시험 만점받는 초등 영단어 사전
영어시험 만점받는 초등 영어일기 패턴
영어시험 만점받는 초등영어 스피킹 패턴

엄마가 골라주는
끼리끼리 초등 영단어

2020년 12월 15일 초판 01쇄 인쇄
2023년 10월 10일 초판 12쇄 발행

지은이 김주영
발행인 손건
편집기획 김상배, 장수경
마케팅 이언영, 유재영
디자인 이성세
제작 최승용
인쇄 선경프린테크

발행처 LanCom 랭컴
주소 서울시 영등포구 영신로34길 19, 3층
등록번호 제 312-2006-00060호
전화 02) 2636-0895
팩스 02) 2636-0896
홈페이지 www.lancom.co.kr

ⓒ 랭컴 2020
ISBN 979-11-89204-76-1 63740

엄마가 골라 주는

끼리 끼리

초등
영단어

김주영 지음

주니어랭컴

이 책은 이렇게 만들어졌어요~~

단어를 모르고 영어를 공부한다는 것은 벽돌도 없이 집을 짓겠다는 이야기죠. 단어가 모여 문장이 되는데... 한 문장의 의미를 이해하기 위해서는 문법도 알아야 하지만, 우선 각 단어의 의미를 알아야 영어를 제대로 이해할 수 있어요. 이 책은 교육부가 지정한 초등학교 필수 영단어인 800개를 하루에 16 단어씩 50일만에 끝낼 수 있도록 꾸몄어요.

1. 모양이 비슷한 단어끼리 모았어요.

비슷한 모양의 사운드를 가진 단어를 끼리끼리 모아서 한눈에 쏙 들어오도록 별색으로 꾸몄어요. 그날그날 배울 단어를 첫 페이지에 그림처럼 구성하여 발음은 물론 단어의 뜻도 이해하기 쉽죠. 이 책을 보기만 해도 단어가 기억에 오래오래 남는답니다.

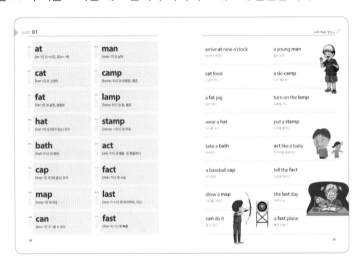

〈일러두기〉

(1) 각 단어마다 3번씩 반복해서 확인할 수 있도록 단어 앞에 □를 두었어요.

(2) 하루에 배울 수 있는 단어를 그림처럼 알아보기 쉽도록 크고 굵은 글자로 표기했어요.

(3) 발음기호를 정확히 모르더라도 읽을 수 있도록 한글로 표기했어요.

(4) 단어의 뜻은 초등학생 수준에 맞도록 여러 가지 뜻보다는 간결하게 두었어요.

2. 짝을 이루는 묶음 단위로 단어를 외우면 기억에 훨씬 오래 남아요.

서로 관련된 몇 개의 단어가 모여서 이루어진 형태가 묶음 단위이죠. 좀더 전문적으로 말하면 어구(phrase)라고 해요. 여기에는 단어의 가장 중요한 의미, 형태, 용법 등이 응축되어 있어 어구를 통한 어휘 학습은 단어를 가장 빠르고 명확하게 익히는 혁명적인 단어 암기법이죠. 이 책에서는 표제어를 눈으로 익힌 후 간결한 어구의 형태가 맞쪽에 제시되어 있으므로 암기구를 통해 한 번 더 확실하게 쓰면서 의미를 파악함으로써 오랫동안 단어를 기억할 수 있어요.

3. 초등학생 수준에 맞게 쉽고 자연스런 예문만 엄선했어요.

단어의 중심적인 뜻은 예문을 통해 외워야 효과적이죠. 단어는 보통 두 가지 이상의 뜻을 가지고 있으므로 중심적인 뜻만 우선 암기하면 돼요. 따라서 단어가 지닌 모든 뜻을 암기하는 데 시간을 낭비할 필요가 없죠. 단어의 가장 핵심적인 뜻과 간편하면서도 활용도가 높은 예문을 선정하였으니 이것만 성실하게 익힌다면 기본이 탄탄한 단어 실력으로 초등영어에 대한 자신감을 심어줄 거예요.

이 책은 단어의 이해와 암기력 증대를 위해 영어 예문과 우리말로 해석을 맞쪽으로 편집을 했어요. 먼저 영어 예문을 차근차근 읽어보고 표제 단어의 유의하여 우리말로 해석을 해보세요. 이어서 영어 예문을 가린 다음 우리말 해석을 보고 영어로 써보세요. 이렇게 하면 매일 배운 단어를 완벽하게 자기 것으로 만들어질 거예요.

4. 모두 암기를 잘 했는지 연습문제로 확인해보세요.

단어의 뜻을 직접 써보기, 그림을 보고 단어 연결하기, 뜻에 맞는 단어 써넣기와 고르기 등 다양한 문제를 통해 확인학습이 가능해요. 2일마다 배운 단어를 복습하면서 암기의 효율성을 높이고 잊어버린 단어는 재학습하도록 했죠.

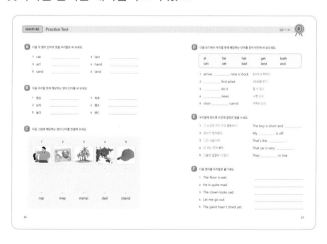

📣 알파벳과 단어 읽는 법

ㄱ + ㅐ → 개
[기역　애]　　　[개]

d + o + g → dog
[디　오우　쥐:]　　　[독]

우리말에 '개'를 '기역, 애'라고 따로 떼어서 읽지 않듯이 영어에서도 dog를 '디, 오우, 쥐:'라고 읽지 않고 '독'이라고 읽어요.

알파벳은 '소리'를 나타내는 문자이죠. 그러므로 '문자 그 자체'를 읽는 것이 아니라, 그 문자가 '단어의 일부 되었을 때 읽는 법'을 아는 것이 매우 중요해요. 즉, 우리말에서 ㄱ, ㄴ, ㄷ, ㄹ... 등의 자음과 ㅏ, ㅑ, ㅓ, ㅕ, ㅗ, ㅛ... 등의 모음이 합쳐져 하나의 음절을 이루고, 그 음절이 모여 단어가 되듯이 영어도 위의 예처럼 마찬가지죠.

✿ 모음

A a [애/에이/아]	E e [에/이-/어]	I i [이/아이/어]	O o [오/오우/아]	U u [어/유-/우]
ant [앤트] 개미	**pen** [펜] 펜	**kid** [키드] 아이	**oil** [오일] 기름	**bus** [버스] 버스
game [게임] 게임	**she** [쉬-] 그녀	**ice** [아이스] 얼음	**note** [노우트] 공책	**tube** [튜-브] 튜브
car [카-ㄹ] 자동차	**cover** [커버ㄹ] 덮개	**bird** [버-ㄹ드] 새	**top** [탑] 정상	**bull** [불] 황소

✿ 자음

B b	**boy** [보이] 소년	C c	**camp** [캠프] 야영지	D d	**dad** [대드] 아빠
F f	**f ish** [피쉬] 물고기	G g	**gift** [기프트] 선물	H h	**hill** [힐] 언덕
J j	**jelly** [젤리] 젤리	K k	**king** [킹] 왕	L l	**lion** [라이언] 사자
M m	**money** [머니] 돈	N n	**name** [네임] 이름	P p	**pig** [피그] 돼지
Q q	**quiz** [퀴즈] 퀴즈	R r	**rain** [레인] 비	S s	**star** [스타-ㄹ] 별
T t	**tiger** [타이거ㄹ] 호랑이	V v	**vase** [베이스] 꽃병	W w	**window** [윈도우] 창문
X x	**box** [박스] 박스	Y y	**yellow** [옐로우] 노랑	Z z	**zoo** [주-] 동물원

👉 다음 알파벳은 위의 소릿값과 다르게 읽는 경우도 있어요.

C c	**city** [시티] 도시	G g	**orange** [오-린지] 오렌지	S s	**rose** [로-즈] 장미

자음을 나타내는 발음기호 Consonant

단어를 읽기 위해서는 일정한 발음 규칙이 필요한데, 이것을 기호로 나타낸 것이 발음기호라고 해요. 발음기호는 괄호[ ] 안에 표기를 하며 이러한 발음기호가 어떤 소리를 내는지 알면 단어를 정확하게 읽을 수 있죠.

자음(Consonant)이란 발음을 할 때 공기가 혀나 입, 입술, 입천장 등에 부딪히며 나는 소리를 말해요. 자음은 **k, p, t**처럼 성대가 울리지 않는 무성음과 **b, d, g**와 같이 성대가 울리는 유성음으로 구성되어 있어요. *참고로 이 책에서는 표제단어의 한글발음 표기는 읽기 쉽도록 장음은 [-]으로, [r]은 [ㄹ]로 표기하지 않았으며, 한글 받침은 [ㅅ]으로 통일했습니다.

✹ 자음을 나타내는 발음기호

[b] [브]	[d] [드]	[f] [프]	[g] [그]
book	**dream**	**face**	**girl**
[buk 북]	[driːm 드리-임]	[feis 페이스]	[gəːrl 거-ㄹ얼]
책	꿈	얼굴	소녀
[h] [흐]	[k] [크]	[l] [르]	[m] [므]
hair	**king**	**lion**	**mail**
[hɛər 헤어ㄹ]	[kiŋ 킹]	[láiən 라이언]	[meil 메일]
머리카락	왕	사자	편지
[n] [느]	[p] [프]	[r] [르]	[s] [스]
nose	**pig**	**rose**	**study**
[nouz 노우즈]	[pig 피그]	[rouz 로우즈]	[stʌ́di 스터디]
코	돼지	장미	공부

[t] [트]	[v] [브]	[z] [즈]	[θ] [쓰]
tie [tai 타이] 넥타이	**violin** [vàiəlín 바이얼린] 바이올린	**zoo** [zuː 주-] 동물원	**three** [θriː 쓰리-] 3, 셋

[ð] [드]	[ʃ] [쉬]
brother [brʌ́ðər 브러더] 형제	**shark** [ʃɑːrk 샤-ㄹ크] 상어

[ʒ] [쥐]	[dʒ] [쥐]	[tʃ] [취]	[ŋ] [응]
television [téləvìʒən 텔러비전] 텔레비전	**jeans** [dʒiːnz 지-인즈] 청바지	**chocolate** [tʃɔ́ːkəlit 초-컬릿] 초콜릿	**song** [sɔːŋ 소-옹] 노래

🌸 반자음을 나타내는 발음기호

[j] [이]	[w] [우]
yes [jes 예스] 네	**wood** [wud 우드] 나무

모음을 나타내는 발음기호 Vowel

모음(Vowel)이란 발음을 할 때 공기가 혀나 입, 입술, 입천장 등에 부딪히지 않고 목과 입 안의 울림으로 나는 소리를 말해요. 모든 모음은 성대가 울리는 유성음으로 구성되어 있어요.

✸ 모음을 나타내는 발음기호

[a] [아]
box
[bɑks 박스]
상자

[ʌ] [어]
cup
[kʌp 컵]
컵

[ə] [어]
gorilla
[gərílə 거릴러]
고릴라

[ɔ] [오]
boy
[bɔi 보이]
소년

[u] [우]
cook
[kuk 쿡]
요리사

[i] [이]
milk
[milk 밀크]
우유

[e] [에]
melon
[melən 멜런]
멜론

[æ] [애]
cat
[kæt 캩]
고양이

✸ 장모음을 나타내는 발음기호

[ɑː] [아:]
father
[fáːðər 파-더ㄹ]
아버지

[ɑːr] [아:ㄹ]
bar
[bɑːr 바-ㄹ]
막대기

[əːr] [어:ㄹ]
bird
[bəːrd 버-ㄹ드]
새

[ɔː] [오:]
dog
[dɔːg 도-그]
개

[ɔːr] [오:ㄹ]	[uː] [우:]	[iː] [이:]
morning [mɔ́ːrniŋ 모-ㄹ닝] 아침	**movie** [múːvi 무-비] 영화	**teacher** [tíːtʃər 티-처ㄹ] 선생님

🌟 이중모음을 나타내는 발음기호

[ai] [아이]	[au] [아우]	[ɔi] [오이]	[ou] [오우]
pilot [páilət 파일럿] 조종사	**house** [haus 하우스] 집	**toy** [tɔi 토이] 장난감	**boat** [bout 보우트] 보트

[ei] [에이]	[ɛər] [에어ㄹ]	[uər] [우어ㄹ]	[iər] 이어ㄹ
baker [béikər 베이커ㄹ] 제빵사	**airport** [ɛərpɔ̀ːrt 에어ㄹ 포-ㄹ트] 공항	**poor** [puər 푸어ㄹ] 가난한	**ear** [iər 이어ㄹ] 귀

 품사 Parts of speech

영어 단어는 크게 8가지로 분류할 수 있어요. 우리는 이것을 영어의 8품사라고 하죠. 명사 noun, 대명사 pronoun, 동사 verb, 형용사 adjective, 부사 adverb, 전치사 preposition, 접속사 conjunction, 감탄사 interjection가 바로 이것들이에요. 이 8품사가 문장에서 어떻게 쓰이는지 알아볼까요?

1 모든 사물의 이름인 명사 noun

명사는 사람, 동식물이나 사물, 장소의 이름, 명칭을 나타내며 문장에서 주어, 목적어, 보어로 쓰이죠.

father 아버지 desk 책상 dog 개 flower 꽃 air 공기 water 물 …

2 명사를 대신하는 대명사 pronoun

사람, 동식물이나 사물의 이름을 대신하여 나타내요.

I 나 you 당신 she 그녀 he 그 this 이것 who 누구 …

3 주어의 움직임을 나타내는 동사 verb

사람, 동물, 사물의 동작이나 상태를 나타내며 문장에서 없어서는 안 될 중요한 역할을 하죠. 주부와 술부로 이루어진 우리말에서 술부의 끝맺음 말에 해당하여 '~다'로 해석되어요.

go 가다 come 오다 see 보다 eat 먹다 know 알다 read 읽다

4 명사를 예쁘게 꾸며주는 형용사 adjective

사람, 동물, 사물의 성질이나 상태를 나타내요. 문장에서 보어로 쓰이며 명사를 수식하고 부사의 수식을 받아요.

kind 친절한 small 작은 wise 현명한 many 많은 good 좋은 red 빨간 …

5 동작을 더욱 섬세하게 나타내는 **부사** adverb

수식하는 어구나 문장의 뜻을 분명하게 나타내며 동사, 형용사, 다른 부사를 수식하거나 문장 전체를 수식해요.

very 매우 much 많이 here 여기에 early 일찍 beautifully 아름답게 …

6 명사보다 한 발 앞서나가는 **전치사** preposition

문장 또는 다른 어구와 문법적 관계를 나타내며 명사나 대명사 앞에 놓여 다른 말과의 관계를 나타내요.

at ~에서 in ~안에 on ~위에 from ~로 부터 under ~아래에 …

7 말과 말을 서로 연결해 주는 **접속사** conjunction

단어와 단어, 구와 구, 문장과 문장을 이어줘요.

and 그리고 but 그러나 or 또는 so 그래서
because 왜냐하면 …

8 내 감정을 표현하는 **감탄사** interjection

기쁨, 슬픔, 화남, 놀라움 등의 감정을 나타내는 말로 감탄사 뒤에는 느낌표(!)를 붙여요.   oh 오
오 ah 아아 hurrah 만세 bravo 브라보 …

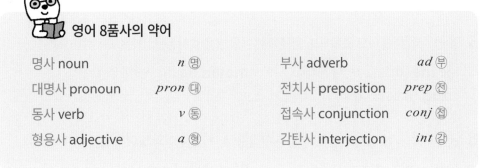

영어 8품사의 약어

명사 noun	*n* 명		부사 adverb	*ad* 부
대명사 pronoun	*pron* 대		전치사 preposition	*prep* 전
동사 verb	*v* 동		접속사 conjunction	*conj* 접
형용사 adjective	*a* 형		감탄사 interjection	*int* 감

🔊 영어의 악센트 Accent

악센트(**accent**)는 우리말로 강세라고 해요. 강세란 하나의 단어에서도 강하게 발음해야 하는 부분과 약하게 발음하는 부분이 있어요. 예를 들면 **lion**[láiən]에서 악센트는 [lá]에 있기 때문에 [라]를 강하게 발음해야 해요. 이처럼 영어 단어에는 악센트 부분이 있어요. 악센트가 어느 부분에 있는지는 발음기호를 보면 모음 위에 [´] 로 표시되어 있지요.

또한, 인토네이션(**intonation**)은 우리말로 억양이라고 하는데, 이것은 모든 언어에 있는 소리의 높낮이를 말해요. 영어는 인토네이션과 악센트가 어우러져 우리말보다 훨씬 리듬감 있게 들리죠.

1 단어의 악센트는 모음에만 있어요.

father [fɑ́:ðər 파-더ㄹ] 아버지   **baker** [béikər 베이커ㄹ] 제빵사

2 단어의 악센트는 발음기호에서 모음 위에 [´] 로 표시하며, 그 부분을 제일 강하게 발음하죠.

lion [láiən 라이언] 사자   **pilot** [páilət 파일럿] 조종사

3 단어에서 두 번째 악센트는 [`]로 표시하며, 첫 번째보다 덜 강하게 발음하며, 나머지는 평이하게 발음하면 되어요.

television [téləvìʒən 텔러비전] 텔레비전

playground [pléigràund 플레이그라운드] 운동장

4 모음이 하나인 단어에서는 악센트가 없습니다.

box [bɑks 박스] 상자   **cook** [kuk 쿡] 요리사   **tie** [tai 타이] 넥타이

5 영어의 장음은 [:]로 표시하며 본문에서 한글 발음의 장음은 [-]로 표시했어요.

jeans [dʒi:nz 진-즈] 청바지   **movie** [múːvi 무-비] 영화
dog [dɔːg 도-그] 개

6 단어의 발음기호에서 이탤릭체 [*r*]은 우리말의 [ㄹ]음을 살짝 넣어서 발음하면 돼요.

hair [hɛər 헤어ㄹ] 머리카락   **bird** [bəːrd 버-ㄹ드] 새

Start

001
at
[æt 앳] ㉠ <시간, 장소> ~에

009
man
[mæn 맨] ㉳ 남자

002
cat
[kæt 캣] ㉳ 고양이

010
camp
[kæmp 캠프] ㉳ 야영장, 캠프

003
fat
[fæt 팻] ㉅ 살찐, 뚱뚱한

011
lamp
[læmp 램프] ㉳ 등, 램프

004
hat
[hæt 햇] ㉳ (테가 있는) 모자

012
stamp
[stæmp 스탬프] ㉳ 우표

005
bath
[bæθ 배쓰] ㉳ 목욕

013
act
[ækt 액트] ㉳ 행동 ㉦ 행동하다

006
cap
[kæp 캡] ㉳ (테 없는) 모자

014
fact
[fækt 팩트] ㉳ 사실

007
map
[mæp 맵] ㉳ 지도

015
last
[lɑːst 라-스트] ㉅ 마지막의, 지난

008
can
[kæn 캔] ㉲ ~할 수 있다

016
fast
[fæst 패스트] ㉅ 빠른

arrive __ nine o'clock
9시에 도착하다

___ food
고양이 먹이

a ___ pig
살찐 돼지

wear a ___
모자를 쓰다

take a _____
목욕하다

a baseball ____
야구모자

draw a _____
지도를 그리다

___ do it
할 수 있다

a young _____
젊은 남자

a ski-_____
스키 캠프장

turn on the _____
등불을 켜다

put a _____
우표를 붙이다

___ like a baby
아이처럼 행동하다

tell the ___
사실을 말하다

the ___ day
마지막 날

a ___ plane
빠른 비행기

She is <u>at</u> the front door.
~에

There are a <u>cat</u> and two kittens.
고양이

The boy is short and <u>fat</u>.
뚱뚱한

My <u>hat</u> is off.
모자

Bill needs a <u>bath</u>.
목욕

How much is this <u>cap</u>?
모자

Henry is looking at a <u>map</u>.
지도

I <u>can</u> speak English.
~할 수 있다

That <u>man</u> is handsome.
남자

There is a <u>camp</u> near the forest.
캠프

There is a <u>lamp</u> on the desk.
등

My hobby is collecting <u>stamp</u>s.
우표

His <u>act</u> gives the lie to his words.
행동

That's the <u>fact</u>.
사실

She left <u>last</u> Sunday.
지난

That car is very <u>fast</u>.
빠른

그녀는 현관에 있다.

고양이와 새끼 고양이 두 마리가 있다.

그 소년은 키가 작고 뚱뚱하다.

내 모자가 벗겨졌다.

빌은 목욕할 필요가 있다.

이 모자 얼마예요?

헨리는 지도를 보고 있다.

난 영어를 할 줄 알아요.

저 남자는 잘생겼다.

숲 가까이에 캠프장이 있다.

책상 위에 등이 있다.

내 취미는 우표 수집이다.

그의 행동은 그의 말이 거짓임을 증명한다.

그건 사실이야.

그녀는 지난 일요일에 떠났다.

저 차는 무척 빨라.

017 ☐☐☐
bad
[bæd 배드] 형 나쁜

018 ☐☐☐
dad(dy)
[dæd(i) 대드(대디)] 명 아빠

019 ☐☐☐
mad
[mæd 매드] 형 미친

020 ☐☐☐
sad
[sæd 새드] 형 슬픈

021 ☐☐☐
and
[ænd 앤드] 접 그리고, ~과

022 ☐☐☐
band
[bænd 밴드] 명 끈, 밴드, 악단

023 ☐☐☐
hand
[hænd 핸드] 명 손

024 ☐☐☐
land
[lænd 랜드] 명 땅, 육지

025 ☐☐☐
sand
[sænd 샌드] 명 모래

026 ☐☐☐
stand
[stænd 스탠드] 동 서다, 서 있다

027 ☐☐☐
island
[áilənd 아일런드] 명 섬

028 ☐☐☐
get
[get 겟] 동 얻다

029 ☐☐☐
let
[let 렛] 동 (~을 하도록) 허락하다

030 ☐☐☐
set
[set 셋] 동 놓다, 두다

031 ☐☐☐
yet
[jet 옛] 부 아직

032 ☐☐☐
wet
[wet 윗] 형 젖은

____ news
나쁜 소식

white _____
하얀 모래

mom and ____
엄마와 아빠

_____ still
가만히 서 있다

a _____ man
미치광이

a small _____
작은 섬

a ____ story
슬픈 이야기

____ first prize
1등상을 받다

stick-____-carrot
채찍과 당근

___ play outside
밖에서 놀도록 허락하다

a rubber _____
고무 밴드(줄)

____ a vase on the table
테이블 위에 꽃병을 놓다

make by _____
손으로 만들다

have ___ to do
아직 해야 한다

a _____ animal
육지 동물

a ___ towel
젖은 수건

He is a <u>bad</u> monster.
나쁜

This man is Jenny's <u>dad</u>.
아빠

He is quite <u>mad</u>.
미친

The clown looks <u>sad</u>.
슬픈

The car is old <u>and</u> dirty.
그리고

I want to join the <u>band</u>.
밴드

Raise your <u>hand</u>.
손

It was good to be back on <u>land</u>.
육지

We built a <u>sand</u> castle.
모래

They <u>stand</u> in line.
서 있다

Japan is an <u>island</u> country.
섬

Where did you <u>get</u> the book?
얻다

<u>Let</u> me go out.
허락하다

Mother <u>set</u> the table for dinner.
놓다

Be careful. The paint hasn't dried <u>yet</u>.
아직

The floor is <u>wet</u>.
젖은

그는 나쁜 괴물이에요.

이 남자는 제니의 아빠예요.

그는 아주 미쳤다.

그 광대는 슬퍼 보여요.

그 차는 오래되고 지저분하다.

나는 밴드에 가입하고 싶다.

손을 들어라.

다시 육지로 돌아오니 좋았다.

우리들은 모래성을 쌓았다.

그들은 일렬로 서 있다.

일본은 섬나라이다.

어디서 그 책을 얻었니?

나가게 허락해 주세요.

어머니께서 저녁 식사를 차렸다.

조심해. 그 페인트 아직 안 말랐어.

마룻바닥이 젖었어요.

A 다음 영어 단어의 뜻을 빈칸에 써넣으세요.

1 cat _____ 2 last _____

3 act _____ 4 hand _____

5 sand _____ 6 land _____

B 우리말 뜻에 해당하는 영어 단어를 빈칸에 써넣으세요.

1 캠프 _____ 2 목욕 _____

3 남자 _____ 4 램프 _____

5 놓다 _____ 6 밴드 _____

C 그림을 보고 해당하는 영어 단어를 연결해보세요.

| 1 | 2 | 3 | 4 | 5 |

cap   map   stamp   dad   island

D 보기에서 우리말 뜻에 해당하는 단어를 찾아 빈칸에 써넣으세요.

at	fat	hat	get	bath
can	set	bad	land	and

1 arrive _____ nine o'clock   9시에 도착하다

2 _____ first prize   1등상을 받다

3 _____ do it   할 수 있다

4 _____ news   나쁜 소식

5 stick-_____-carrot   채찍과 당근

E 우리말 뜻에 맞도록 빈칸에 알맞는 영어 단어를 써넣으세요.

1 그 소년은 키가 작고 뚱뚱하다.   The boy is short and _____.

2 모자가 벗겨졌다.   My _____ is off.

3 그건 사실이야.   That's the _____.

4 저 차는 무척 빨라.   That car is very _____.

5 그들은 일렬로 서 있다.   They _____ in line.

F 다음 영어 문장을 우리말로 옮기세요.

1 The floor is wet.   _____

2 He is quite mad.   _____

3 The clown looks sad.   _____

4 Let me go out.   _____

5 The paint hasn't dried yet.   _____

033
as
[æz 애즈] 전 ~처럼(같이), ~으로서

034
ask
[æsk 애스크] 동 묻다

035
gas
[gæs 개스] 명 가스

036
class
[klæs 클래스] 명 학급(반), 수업

037
classmate
[klǽsmèit 클래스메이트] 명 급우, 반 친구

038
glass
[glæs 글래스] 명 유리, 컵

039
pass
[pæs 패스] 동 통과하다, 건네주다

040
angry
[ǽŋgri 앵그리] 형 화난

041
animal
[ǽniməl 애니멀] 명 동물

042
answer
[ǽnsər 앤서] 명 대답, 답

043
bank
[bæŋk 뱅크] 명 은행

044
candle
[kǽndl 캔들] 명 양초

045
handle
[hǽndl 핸들] 명 손잡이

046
candy
[kǽndi 캔디] 명 사탕, 캔디

047
chance
[tʃæns 챈스] 명 기회

048
dance
[dæns 댄스] 동 춤추다

___ a friend

친구**로서**

a wild _____

야생**동물**

____ about me

나에 관해 **묻다**

a perfect _____

완벽한 **대답**

light the ____

가스에 불을 붙이다

work at a _____

은행에서 일하다

the same _____

같은 **반**

light a _____

촛불을 켜다

quarrel with a _____

반 친구와 말다툼하다

turn a _____

손잡이를 돌리다

a sheet of _____

유리 한 장

a box of _____

캔디 한 통

_____ the exam

시험에 **합격하다**

a good _____

좋은 **기회**

be _____ with me

나에게 **화가 나** 있다

_____ to the music

음악에 맞춰 **춤추다**

They were all dressed <u>as</u> clowns.
처럼

Can I <u>ask</u> you a question?
묻다

The house is heated by <u>gas</u>.
가스

I was late for a <u>class</u>.
수업

She is my <u>classmate</u>.
반 친구

He drank a <u>glass</u> of milk.
잔

<u>Pass</u> me over that book.
건네주다

He never stays <u>angry</u> for long.
화난

What's your favorite <u>animal</u>?
동물

Did you get the <u>answer</u> right?
답

The <u>bank</u> is closed today.
은행

We need three <u>candles</u>.
양초

The <u>handle</u> is broken.
손잡이

Bill loves this <u>candy</u>.
사탕

I will give you one more <u>chance</u>.
기회

Bill likes to <u>dance</u>.
춤추다

그들은 모두 광대처럼 옷을 입고 있었다.

뭐 물어봐도 돼요?

이 집은 가스로 난방을 한다.

나는 수업에 지각을 했다.

그녀는 같은 반 친구예요.

그는 우유 한 잔을 마셨다.

그 책 좀 이리 줘.

그는 절대 화를 오래 내지 않는다.

가장 좋아하는 동물은 무엇이니?

너 그 답 맞혔니?

오늘은 은행이 문을 닫았어요.

우리는 양초 세 개가 필요해요.

손잡이가 부서졌다.

빌은 이 사탕을 너무 좋아한다.

한 번 더 기회를 줄게.

빌은 춤추는 걸 좋아해요.

049 **plan**
[plæn 플랜] 몡 계획

050 **plane**
[plein 플레인] 몡 비행기

051 **plant**
[plænt 플랜트] 몡 식물

052 **pants**
[pænts 팬츠] 몡 바지

053 **back**
[bæk 백] 몡 등, 뒤쪽

054 **black**
[blæk 블랙] 혱 검은

055 **bed**
[bed 베드] 몡 침대

056 **red**
[red 레드] 혱 빨간

057 **hen**
[hen 헨] 몡 암탉

058 **pen**
[pen 펜] 몡 펜

059 **bench**
[bentʃ 벤치] 몡 긴 의자, 벤치

060 **center**
[séntər 센터] 몡 중앙

061 **then**
[ðen 덴] 튀 그때

062 **end**
[end 엔드] 몡 끝

063 **send**
[send 센드] 동 보내다

064 **spend**
[spend 스펜드] 동 (돈·시간을) 쓰다, 보내다

make a _____
계획을 세우다

_____s lay eggs
암탉이 알을 낳다

a passenger _____
여객기

a ball-point ____
볼펜

a wild _____
야생 식물

a _____ in the park
공원의 벤치

blue _____
청바지

the _____ of a city
도시의 중심

_____ and forth
앞뒤로

come just ____
바로 그때 오다

_____ smoke
검은 연기

the ____ of the story
이야기의 끝

sleep on a ____
침대에서 자다

_____ him a card
그에게 카드를 보내다

a ___ dress
빨간 드레스

_____ some money
돈을 쓰다

33

Do you have any plans for the summer?
계획

The plane landed safely.
비행기

Henry's plant is dying.
식물

Tom is putting on his pants.
바지

He scratched his back.
등

She has black hair.
검은

The coat is on the bed.
침대

A fire engine is red.
빨간

The hen has three chicks.
암탉

May I use your pen?
펜

The boy is sitting on the bench.
벤치

The vase is in the center of the table.
중앙

Can we meet then?
그때

The end of the movie was fine.
끝

I send her a letter.
보내다

How do you spend your free time?
(시간을) 보내다

여름에 무슨 계획 있니?

비행기는 안전하게 착륙했다.

헨리의 식물이 시들고 있다.

톰은 바지를 입고 있다.

그는 등을 긁었다.

그녀의 머리카락은 검다.

코트가 침대 위에 있다.

소방차는 빨간 색이다.

그 암탉에게는 병아리가 세 마리 있다.

네 펜을 써도 되겠니?

소년이 벤치에 앉아 있다.

그 꽃병은 테이블 중앙에 있다.

그때 만날 수 있을까?

영화의 결말은 괜찮았다.

나는 그녀에게 편지를 보낸다.

너는 여가 시간을 어떻게 보내니?

A 다음 영어 단어의 뜻을 빈칸에 써넣으세요.

1 gas _____   2 bank _____

3 plant _____   4 pants _____

5 back _____   6 end _____

B 우리말 뜻에 해당하는 영어 단어를 빈칸에 써넣으세요.

1 침대 _____   2 암탉 _____

3 펜 _____   4 벤치 _____

5 중앙 _____   6 소비하다 _____

C 그림을 보고 해당하는 영어 단어를 연결해보세요.

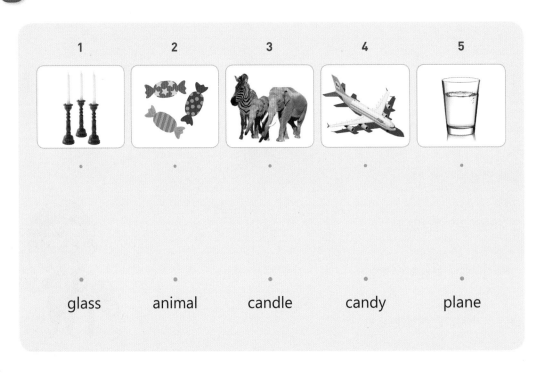

| 1 | 2 | 3 | 4 | 5 |

glass   animal   candle   candy   plane

D 보기에서 우리말 뜻에 해당하는 단어를 찾아 빈칸에 써넣으세요.

as	candy	chance	class	end
pants	pass	pen	plan	then

1 _____ a friend   친구로서

2 the same _____   같은 반

3 a good _____   좋은 기회

4 make a _____   계획을 세우다

5 come just _____   바로 그때 오다

E 우리말 뜻에 맞도록 빈칸에 알맞은 영어 단어를 써넣으세요.

1 그녀는 같은 반 친구예요.   She is my _____.

2 그 책 좀 이리 줘.   _____ me over that book.

3 그는 절대 화를 오래 내지 않는다.   He never stays _____ for long.

4 손잡이가 부서졌다.   The _____ is broken.

5 빌은 춤추는 걸 좋아해요.   Bill likes to _____.

F 다음 영어 문장을 우리말로 옮기세요.

1 Can I ask you a question?   _____

2 Did you get the answer right?   _____

3 She has black hair.   _____

4 I send her a letter.   _____

5 A fire engine is red.   _____

065 **rest**
[rest 레스트] 몡 휴식　동 쉬다

066 **test**
[test 테스트] 몡 시험, 테스트

067 **west**
[west 웨스트] 몡 서쪽　형 서쪽의

068 **bell**
[bel 벨] 몡 종, 벨

069 **sell**
[sel 셀] 동 팔다

070 **tell**
[tel 텔] 동 말하다

071 **well**
[wel 웰] 부 상당히, 잘

072 **egg**
[eg 에그] 몡 달걀

073 **leg**
[leg 레그] 몡 다리

074 **dress**
[dres 드레스] 몡 드레스, 옷

075 **address**
[ǽdres 애드레스] 몡 주소

076 **lesson**
[lésn 레슨] 몡 수업, 레슨

077 **empty**
[émpti 엠티] 형 빈

078 **temple**
[témpl 템플] 몡 절, 사원

079 **help**
[help 헬프] 동 돕다

080 **melon**
[mélən 멜런] 몡 멜론

an hour's ____
1시간의 **휴식**

the ____ of a table
테이블 **다리**

a ____ in Korean
국어 **시험**

a white ____
흰색 **드레스**

____ of the city
도시의 **서쪽**

e-mail _____
이메일 **주소**

ring a ____
종이 울리다

a piano _____
피아노 **수업**

____ books
책을 **팔다**

an _____ box
빈 상자

____ jokes
농담**하다**

an old _____
오래된 **절**

a very ____ man
매우 **건강한** 사람

____ with homework
숙제를 **돕다**

boil an ____
달걀을 삶다

a slice of _____
멜론 한 조각

Rest for a while.
쉬다

We had a **test** in math.
시험

The sun sets in the **west**.
서쪽

The **bell** is ringing.
종

Grandma **sells** apples.
팔다

Tell me about them.
말하다

This knife cuts **well**.
잘

This is a fresh **egg**.
달걀

My **leg** pains me.
다리

This **dress** is nice.
드레스

I know her **address**.
주소

I have no **lesson** today.
수업

The basket was **empty**.
빈

I visited the **temple** once before.
절

Can I **help** you?
돕다

Melons are juicy and sweet.
멜론

잠시 쉬어라.

우리는 수학 시험을 봤다.

해는 서쪽으로 진다.

종이 울리고 있다.

할머니가 사과를 파신다.

그것들에 대해 말해 줘.

이 칼은 잘 든다.

이것은 신선한 달걀이다.

다리가 아파요.

이 드레스는 멋있어.

나는 그녀의 주소를 안다.

오늘은 수업이 없다.

그 바구니는 비어 있었다.

난 그 절에 전에 한 번 가 봤다.

도와 드릴까요?

멜론은 즙이 많고 달다.

081 **very**
[véri 베리] 🤍 대단히, 몹시

082 **every**
[évri 에브리] 🤍 모든, 매, ~마다

083 **never**
[névər 네버] 🤍 결코 ...않다

084 **over**
[óuvər 오우버] 🤍 ~위쪽에

085 **neck**
[nek 넥] 🤍 목

086 **next**
[nekst 넥스트] 🤍 다음의

087 **smell**
[smel 스멜] 🤍 냄새가 나다

088 **spell**
[spel 스펠] 🤍 철자를 쓰다

089 **hello**
[helóu 헬로우] 🤍 안녕, 여보세요

090 **full**
[ful 풀] 🤍 가득찬

091 **pull**
[pul 풀] 🤍 끌다, 잡아당기다

092 **wall**
[wɔːl 워-올] 🤍 벽

093 **bread**
[bred 브레드] 🤍 빵

094 **dead**
[ded 데드] 🤍 죽은

095 **head**
[hed 헤드] 🤍 머리

096 **heavy**
[hévi 헤비] 🤍 무거운

_____ kind
대단히 친절하다

say _____
안부를 전하다

_____ student
모든 학생

fill one's glass ___
잔을 가득 채우다

_____ tell a lie
결코 거짓말을 하지 않는다

_____ a dog's tail
개의 꼬리를 잡아당기다

a bridge _____ the river
강 위에 놓인 다리

climb a _____
벽을 기어오르다

a short _____
짧은 목

corn _____
옥수수빵

the _____house
이웃집

a _____ body
시체

_____s sweet
달콤한 냄새가 나다

strike on the _____
머리를 때리다

_____ one's name
~의 이름 철자를 쓰다

a _____ bag
무거운 가방

43

Thank you very much.
대단히

Every morning the sun rises.
매일

Never do that again.
결코 ~않다

The balloon is directly over.
위쪽에

A giraffe has a long neck.
목

The next singer came on.
다음의

There was a smell of burning.
냄새가 나다

How do you spell your name?
철자를 쓰다

Hello. May I speak to Tom?
여보세요

The box is full of toys.
가득찬

Billy pulls the wagon.
끌다

The wall is high.
벽

Mom is baking the bread.
빵

He lay there like one dead.
죽은

My head cleared.
머리

It is a heavy stone.
무거운

44

대단히 감사합니다.

매일 아침 해가 떠오른다.

다시는 그러지 마.

기구가 바로 머리 위에 있다.

기린의 목은 길다.

다음 가수가 등장했다.

타는 냄새가 났다.

네 이름은 어떻게 쓰니?

여보세요. 탐과 통화할 수 있나요?

그 상자는 장난감으로 가득하다.

빌리가 수레를 끈다.

그 벽은 높다.

엄마가 빵을 굽고 계신다.

그는 죽은 것처럼 거기 누워 있었다.

머리가 맑아졌다.

무거운 돌이군요.

A 다음 영어 단어의 뜻을 빈칸에 써넣으세요.

1 test _____ 2 west _____

3 well _____ 4 spell _____

5 empty _____ 6 smell _____

B 우리말 뜻에 해당하는 영어 단어를 빈칸에 써넣으세요.

1 목 _____ 2 벽 _____

3 드레스 _____ 4 죽은 _____

5 머리 _____ 6 무거운 _____

C 그림을 보고 해당하는 영어 단어를 연결해보세요.

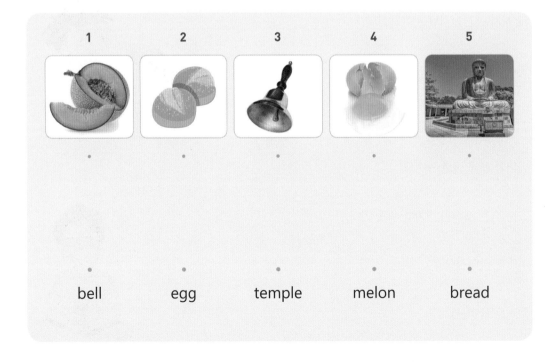

| 1 | 2 | 3 | 4 | 5 |

bell   egg   temple   melon   bread

D 보기에서 우리말 뜻에 해당하는 단어를 찾아 빈칸에 써넣으세요.

address	every	full	hello	help
leg	neck	over	sell	very

1 _____ books   책을 팔다

2 e-mail _____   이메일 주소

3 _____ kind   대단히 친절하다

4 _____ student   모든 학생

5 say _____   안부를 전하다

E 우리말 뜻에 맞도록 빈칸에 알맞는 영어 단어를 써넣으세요.

1 잠시 쉬어라.   _____ for a while.

2 그것들에 대해 말해 줘.   _____ me about them.

3 다리가 아파요.   My _____ pains me.

4 오늘은 수업이 없다.   I have no _____ today.

5 도와 드릴까요?   Can I _____ you?

F 다음 영어 문장을 우리말로 옮기세요.

1 Never do that again.   _____

2 The balloon is directly over. _____

3 The next singer came on.   _____

4 The box is full of toys.   _____

5 Billy pulls the wagon.   _____

097
son
[sʌn 선] 명 아들

098
south
[sauθ 사우쓰] 명 남쪽 형 남쪽의

099
big
[big 빅] 형 큰

100
pig
[pig 피그] 명 돼지

101
dish
[diʃ 디쉬] 명 접시

102
fish
[fiʃ 피쉬] 명 물고기

103
ill
[il 일] 형 아픈

104
fill
[fil 필] 동 채우다

105
hill
[hil 힐] 명 언덕

106
kill
[kil 킬] 동 죽이다

107
till
[til 틸] 전 ~까지

108
will
[wil 윌] 조 ~일 것이다, ~할 것이다

109
it
[it 잇] 대 그것

110
hit
[hit 히트] 동 때리다, 치다

111
sit
[sit 싯] 동 앉다

112
city
[síti 시티] 명 도시

a ____ or daughter

아들 혹은 딸

the top of a ___

언덕 꼭대기

a _____ gate

남쪽 문

___ an animal

동물을 죽이다

a ___ boy

(몸집이) 큰 소년

___ late at night

밤늦게까지

a ____ farmer

돼지 사육농

He ____ go.

그는 갈 것이다.

a _____ of meat

고기 한 접시

__'s me.

그건 나야.

catch a ____

물고기를 잡다

___ a home run

홈런을 치다

be __ in bed

아파서 누워 있다

___ on a chair

의자에 앉다

___ a glass

잔을 채우다

a big ____

큰 도시

오른쪽 해석을 가리고 우리말로 말해보세요.

Her <u>son</u> is thirteen years old.
아들

We traveled toward the <u>south</u>.
남쪽

This is a <u>big</u> fish.
큰

This <u>pig</u> is very fat.
돼지

How did this <u>dish</u> get broken?
접시

Some <u>fish</u> can fly.
물고기

Bill is <u>ill</u>.
아픈

<u>Fill</u> the glass with water.
채우다

There is a big tree on the <u>hill</u>.
언덕

Don't <u>kill</u> the ant.
죽이다

School keeps <u>till</u> four o'clock.
~까지

This <u>will</u> be right.
~할 것이다

Did you see <u>it</u>?
그것

My brother <u>hit</u> me.
때리다(hit)

<u>Sit</u> up straight.
앉다

Is that <u>city</u> your hometown?
도시

그녀의 아들은 13살입니다.

우리는 남쪽을 향해 여행했다.

이건 커다란 물고기네.

이 돼지는 매우 살이 쪘다.

이 접시가 어쩌다 깨졌니?

어떤 물고기들은 날 수 있다.

빌이 아파.

유리잔에 물을 채워라.

언덕 위에 커다란 나무 한 그루가 있다.

그 개미를 죽이지 마라.

수업은 4시까지 있다.

이게 맞을 거야.

너 그것 봤니?

우리 형이 나를 때렸어.

똑바로 앉아라.

그 도시가 고향이세요?

먼저 눈으로 익히고 리듬을 타면서 큰소리로 읽어보세요.

113
in
[in 인] 전 ~안에

114
pin
[pin 핀] 명 핀

115
thin
[θin 씬] 형 얇은

116
win
[win 윈] 동 이기다

117
ink
[iŋk 잉크] 명 잉크

118
drink
[driŋk 드링크] 동 마시다

119
pink
[piŋk 핑크] 형 분홍색의

120
think
[θiŋk 씽크] 동 생각하다

121
bring
[briŋ 브링] 동 가져오다

122
hiking
[háikiŋ 하이킹] 명 도보여행, 하이킹

123
king
[kiŋ 킹] 명 왕

124
ring
[riŋ 링] 명 반지

125
sing
[siŋ 싱] 동 노래하다

126
swing
[swiŋ 스윙] 명 그네 동 흔들리다

127
thing
[θiŋ 씽] 명 물건, 것

128
wing
[wiŋ 윙] 명 날개

a bird __ a cage

새장 **안의** 새

_____ a umbrella

우산을 **가져오다**

a safety ____

안전**핀**

a _____ trail

하이킹 코스

a ____ paper

얇은 종이

the ____ of all animals

모든 동물의 **왕**

____ the game

시합에 **이기다**

a diamond ____

다이아몬드 **반지**

black ____

검정 **잉크**

____ a song

노래를 **부르다**

_____ a cup of coke

콜라를 한 잔 **마시다**

let one's legs _____

다리를 **흔들리는** 대로 두다

a ____ dress

분홍색 드레스

buy many ____s

많은 **것**을 사다

_____ carefully

신중히 **생각하다**

spread a _____

날개를 펴다

The cat wants <u>in</u>.
~안에

The <u>pin</u> scratched my arm.
핀

That man is <u>thin</u>.
얇은

Jenny will <u>win</u> easily.
이기다

The <u>ink</u> bottle is empty.
잉크

She <u>drank</u> too much water.
마시다(drink)

He wore a <u>pink</u> shirt.
분홍색의

Try to <u>think</u> in English always.
생각하다

<u>Bring</u> me a cup of tea.
가져오다

The man is <u>hiking</u>.
하이킹

The <u>king</u> had one princess.
왕

She put a <u>ring</u> on her finger.
반지

She <u>sings</u> great.
노래하다

The boys are playing on the <u>swing</u>.
그네

There's no such <u>thing</u> as ghosts.
것

A butterfly has <u>wings</u>.
날개

완쪽 예문을 가리고 영어로 써보세요.

끼리 끼리 ♪✩

고양이가 안으로 들어가고 싶어 한다.

나는 핀에 팔이 긁혔다.

저 남자는 날씬하다.

제니가 쉽게 이길 거야.

잉크병이 비어 있다.

그녀는 물을 너무 많이 마셨어요.

그는 분홍색 셔츠를 입었다.

항상 영어로 생각하도록 해봐.

차 한 잔만 갖다 줘.

남자가 하이킹을 하고 있다.

왕은 한 명의 공주를 두었다.

그녀는 손가락에 반지를 끼었다.

그녀는 노래를 잘한다.

소년들이 그네에서 놀고 있다.

유령 같은 건 없어.

나비는 날개를 가지고 있다.

A 다음 영어 단어의 뜻을 빈칸에 써넣으세요.

1 son _____   2 fill _____

3 till _____   4 city _____

5 hill _____   6 pin _____

B 우리말 뜻에 해당하는 영어 단어를 빈칸에 써넣으세요.

1 이기다 _____   2 마시다 _____

3 생각하다 _____   4 하이킹 _____

5 그네 _____   6 물건 _____

C 그림을 보고 해당하는 영어 단어를 연결해보세요.

| 1 | 2 | 3 | 4 | 5 |

pig   dish   fish   king   ring

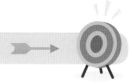

D 보기에서 우리말 뜻에 해당하는 단어를 찾아 빈칸에 써넣으세요.

big	hit	ill	ink	kill
pink	sing	south	thin	will

1 a _____ gate   남쪽 문

2 a _____ boy   (몸집이) 큰 소년

3 a _____ paper   얇은 종이

4 black _____   검정 잉크

5 _____ a song   노래를 부르다

E 우리말 뜻에 맞도록 빈칸에 알맞는 영어 단어를 써넣으세요.

1 빌이 아파.   Bill is_____.

2 그 개미를 죽이지 마라.   Don't _____ the ant.

3 이게 맞을 거야.   This _____ be right.

4 너 그것 봤니?   Did you see _____?

5 형이 나를 때렸어.   My brother _____ me.

F 다음 영어 문장을 우리말로 옮기세요.

1 Sit up straight.   _____

2 The cat wants in.   _____

3 He wore a pink shirt.   _____

4 Bring me a cup of tea.   _____

5 A butterfly has wings.   _____

129 **give**
[giv 기브] 동 주다

137 **ticket**
[tíkit 티킷] 명 표, 티켓

130 **live**
[laiv 라이브] 형 생생한 / [liv 리브] 동 살다

138 **music**
[mjúːzik 뮤-직] 명 음악

131 **lip**
[lip 립] 명 입술

139 **film**
[film 필름] 명 영화, 필름

132 **ship**
[ʃip 쉽] 명 배

140 **finger**
[fíŋɡər 핑거] 명 손가락

133 **trip**
[trip 트립] 명 여행

141 **finish**
[fíniʃ 피니쉬] 동 끝내다

134 **tulip**
[tjúːlip 튤립] 명 튤립

142 **fix**
[fiks 픽스] 동 고치다, 고정시키다

135 **kick**
[kik 킥] 동 차다

143 **left**
[left 레프트] 명 왼쪽 형 왼쪽의

136 **sick**
[sik 식] 형 아픈

144 **soft**
[sɔːft 소-프트] 형 부드러운

_____ her a pen

그녀에게 펜을 **주다**

a_____TV show

생방송 TV 쇼

red ___s

빨간 **입술**

sail on a _____

배로 항해하다

a ___ to Jejudo

제주도로 **여행**을 가다

a full-blown _____

만발한 **튤립**

_____ a ball

공을 **차다**

a ___ girl

아픈 소녀

buy a one-way _____

편도 **표**를 사다

classical _____

고전**음악**

a color ____

컬러 **필름**

a short _____

짧은 **손가락**

_____ one's daily work

하루일과를 **마치다**

___ a clock to the wall

벽에 시계를 **걸다**

turn ___

왼쪽으로 돌다

a ___ bed

포근한 침대

59

He <u>gave</u> her a present.
주다(give)

This is where I <u>live</u>.
살다

She has rosy <u>lips</u>.
입술

The <u>ship</u> is sinking.
배

Have a good <u>trip</u>!
여행

The Netherlands is famous for <u>tulips</u>.
튤립

She <u>kicked</u> his knee.
차다

I was <u>sick</u> yesterday.
아픈

Bill showed his <u>ticket</u>.
표

The <u>music</u> sounds sweet.
음악

We saw a <u>film</u> about dogs.
영화

My <u>fingers</u> are very long.
손가락

Have you <u>finished</u> your homework?
끝내다

My dad is going to <u>fix</u> my chair.
고치다

He writes <u>left</u>-handed.
왼쪽의

This pillow feels very <u>soft</u>.
부드러운

그는 그녀에게 선물을 주었다.

이곳이 내가 사는 집이야.

그녀는 장밋빛 입술을 가졌다.

배가 가라앉고 있다.

즐거운 여행 되세요!

네덜란드는 튤립으로 유명하다.

그녀는 그의 무릎을 걷어찼다.

나는 어제 아팠어요.

빌은 그의 표를 보여주었다.

음악이 아름답다.

우리는 개에 관한 영화를 봤다.

내 손가락은 매우 길다.

숙제 끝냈니?

아빠가 내 의자를 고쳐 줄 거야.

그는 왼손으로 쓴다.

이 베개는 매우 부드럽다.

먼저 눈으로 익히고 리듬을 타면서 큰소리로 읽어보세요.

145 **doll**
[dɔl 돌] 몡 인형

146 **dollar**
[dálər 달러] 몡 달러

147 **follow**
[fálou 팔로우] 동 뒤따르다

148 **roll**
[roul 로울] 동 구르다

149 **dolphin**
[dɔ́lfin 돌핀] 몡 돌고래

150 **hot**
[hat 핫] 혱 뜨거운, 더운

151 **not**
[nat 낫] 뭐 ~아니다, ~않다

152 **lot**
[lat 랏] 뎨 많음 혱 많은

153 **pilot**
[páilət 파일럿] 몡 조종사

154 **top**
[tap 탑] 몡 꼭대기

155 **drop**
[drap 드랍] 동 떨어뜨리다 몡 방울

156 **shop**
[ʃap 샵] 몡 가게

157 **stop**
[stap 스탑] 동 멈추다

158 **box**
[baks 박스] 몡 상자, 박스

159 **body**
[bádi 바디] 몡 몸

160 **bottle**
[bátl 바틀] 몡 병

buy a ____

인형을 사다

an airline ____

항공기 조종사

spend one hundred _____s

100달러를 쓰다

the ___ of the mountain

산 정상

_____ the man

그 남자를 따라가다

a ____ of water

물 한 방울

___ in the bed

침대에서 뒹굴다

a toy _____

장난감가게

a bright _____

영리한 돌고래

_____ a quarrel

싸움을 멈추다

light

a ___ day

더운 날

heavy

a light ___

가벼운 상자

___ always

항상 ~한 것은 아니다

in _____ and mind

몸과 마음으로

a ___ of stamps

많은 우표

a _____ of milk

우유 한 병

Bio
PRODUCT

Ally is playing with a new doll.
인형

It is ten dollars.
달러

Follow me!
뒤따르다

The dog is rolling in the dust.
구르다

I like dolphins.
돌고래

A glass of hot water, please.
뜨거운

I'm not hot.
~않다

I have a lot of toys.
많은

I want to become a pilot.
조종사

Birds are on the top of the house.
꼭대기

I dropped my wallet somewhere.
떨어뜨리다

The shop closes at five.
가게

Stop playing right now.
멈추다

There is a present in the box.
상자

Wash your body.
몸

These bottles are empty.
병

앨리는 새 인형을 갖고 놀고 있어요.

10달러입니다.

날 따라와!

개가 먼지 속에서 뒹굴고 있다.

나는 돌고래를 좋아해.

뜨거운 물 한 잔 주세요.

나는 덥지 않다.

나는 많은 장난감을 갖고 있다.

나는 조종사가 되고 싶다.

새들이 집 꼭대기에 있다.

나는 어디선가 지갑을 떨어뜨렸다.

그 가게는 다섯 시에 닫는다.

이제 그만 놀아라.

상자 안에 선물이 있다.

몸을 씻어라.

이 병들은 비었다.

A 다음 영어 단어의 뜻을 빈칸에 써넣으세요.

1 ticket   _____

2 music   _____

3 not   _____

4 finish   _____

5 fix   _____

6 soft   _____

B 우리말 뜻에 해당하는 영어 단어를 빈칸에 써넣으세요.

1 필름   _____

2 가게   _____

3 상자   _____

4 몸   _____

5 병   _____

6 조종사   _____

C 그림을 보고 해당하는 영어 단어를 연결해보세요.

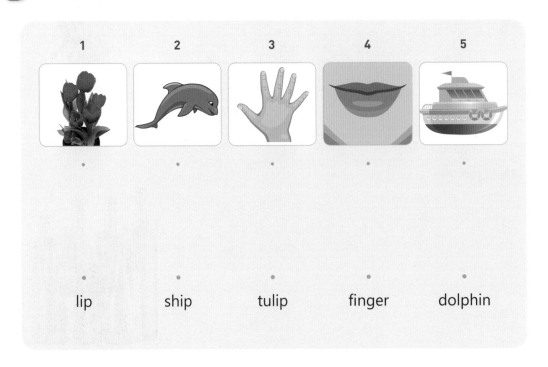

1	2	3	4	5

lip   ship   tulip   finger   dolphin

D 보기에서 우리말 뜻에 해당하는 단어를 찾아 빈칸에 써넣으세요.

doll	dollar	give	hot	left
live	lot	sick	stop	trip

1 _____ her a pen   그녀에게 펜을 주다

2 a _____ girl   아픈 소녀

3 a _____ TV show   생방송 TV 쇼

4 buy a _____   인형을 사다

5 _____ the work   일을 멈추다

E 우리말 뜻에 맞도록 빈칸에 알맞는 영어 단어를 써넣으세요.

1 즐거운 여행 되세요!   Have a good _____!

2 그녀는 그의 무릎을 걷어찼다.   She _____ his knee.

3 그는 왼손으로 쓴다.   He writes _____-handed.

4 10달러입니다.   It is ten _____.

5 날 따라와!   _____ me!

F 다음 영어 문장을 우리말로 옮기세요.

1 The dog is rolling in the dust.   _____

2 I have a lot of money.   _____

3 A glass of hot water, please.   _____

4 Birds are on the top of the house. _____

5 I dropped my wallet somewhere.   _____

161 **job**
[ʤɑ:b 자-압] 몡일

162 **god[God]**
[gɑd 갓] 몡신[하나님]

163 **mom(my)**
[mɑm(i) 맘(마미)] 몡엄마

164 **woman**
[wúmən 우먼] 몡여자

165 **clock**
[klɑk 클락] 몡시계

166 **rock**
[rɑk 락] 몡바위

167 **socks**
[sɑks 삭스] 몡양말

168 **copy**
[kɑ́pi 카피] 동베끼다

169 **coffee**
[kɔ́:fi 코-피] 몡커피

170 **fun**
[fʌn 펀] 몡재미 형즐거운

171 **run**
[rʌn 런] 동달리다

172 **sun**
[sʌn 선] 몡해, 태양

173 **lunch**
[lʌntʃ 런치] 몡점심

174 **much**
[mʌtʃ 머치] 형(양이) 많은

175 **but**
[bʌt 벗] 접그러나

176 **cut**
[kʌt 컷] 동베다, 자르다

finish a ____

일을 끝내다

a cup of _____

커피 한 잔

the Son of ____

하나님의 아들

great ____

커다란 재미

a boy and his _____

한 소년과 그의 엄마

____ 100 meters

100미터를 달리다

a nice _____

멋진 여자

rise in the ____

해가 뜨다

an alarm _____

알람시계

eat _____

점심을 먹다

a big ____

큰 바위

eat too _____

너무 많이 먹다

a pair of _____

양말 한 켤레

cheap ____ good

싸지만 좋은

_____ the book

책을 베끼다

____ the tape

테이프를 끊다(육상 경기)

What's your father's job?
일

God bless you!
신

Mom is a woman of the house.
엄마

That woman is tall.
여자

The clock has stopped.
시계

The ship struck a rock.
바위

He bought a pair of new socks.
양말

Copy this page.
베끼다

Please, a cup of coffee.
커피

This game looks fun!
재미

Horses run fast.
달리다

The sun is the center of the solar system.
태양

It's time for lunch.
점심

Try not to talk too much.
많은

I'd like to go, but I can't.
그러나

I had my hair cut.
자르다

네 아빠 직업은 뭐니?

당신에게 신의 축복이 있기를 빕니다!

엄마는 주부이다.

저 여자는 키가 크다.

시계가 멈췄다.

배가 바위에 부딪쳤다.

그는 새 양말 한 켤레를 샀다.

이 페이지를 베껴라.

커피 한 잔 주세요.

이 게임 재미있을 것 같애!

말은 빨리 달려요.

태양은 태양계의 중심이다.

점심시간이다.

말을 너무 많이 하지 마.

가고 싶은데, 안 돼.

머리카락을 잘랐다.

177 **up**
[ʌp 업] 전 위로

178 **cup**
[kʌp 컵] 명 잔, 컵

179 **album**
[ǽlbəm 앨범] 명 앨범

180 **drum**
[drʌm 드럼] 명 북, 드럼

181 **jump**
[dʒʌmp 점프] 동 뛰어오르다

182 **number**
[nʌ́mbər 넘버] 명 숫자

183 **summer**
[sʌ́mər 섬머] 명 여름

184 **umbrella**
[ʌmbrélə 엄브렐러] 명 우산

185 **duck**
[dʌk 덕] 명 오리

186 **luck**
[lʌk 럭] 명 행운

187 **bus**
[bʌs 버스] 명 버스

188 **brush**
[brʌʃ 브러쉬] 명 붓, 솔 동 솔질하다

189 **just**
[dʒʌst 저스트] 부 바로, 오직, 단지

190 **must**
[mʌst 머스트] 조 ~해야 한다, ~임에 틀림없다

191 **butter**
[bʌ́tər 버터] 명 버터

192 **button**
[bʌ́tn 버튼] 명 단추, 버튼

___ in the sky

하늘 **위로**

a paper ____

종이**컵**

a photo _____

사진**첩**

beat a _____

북을 치다

_____ into the sea

바다로 **뛰어들다**

count the _____

숫자를 세다

last _____

작년 **여름**

carry an _____

우산을 들고 다니다

_____s quack

오리가 꽥꽥 울다

wish one's ____

행운을 빌다

a ____ stop

버스 정류장

paint with a _____

붓으로 페인트를 칠하다

___ at that time

바로 그때

needs ____ do

반드시 **해야 하다**

peanut _____

땅콩 **버터**

press a _____

버튼을 누르다

Hold your head <u>up</u>.
위로

There is a <u>cup</u> of tea on the table.
잔

I bought a stamp <u>album</u>.
앨범

He is playing a <u>drum</u>.
북

The lion <u>jumps</u> over a stick.
뛰어넘다

Seven is my favorite <u>number</u>.
숫자

It gets hot in the <u>summer</u>.
여름

Take your <u>umbrella</u> with you.
우산

This <u>duck</u> is cute.
오리

Good <u>luck</u> to you!
행운

They are getting on the <u>bus</u>.
버스

I <u>brush</u> my teeth three times a day.
(칫)솔질하다

He is <u>just</u> a child.
단지

The story <u>must</u> be true.
~임에 틀림없다

Spread <u>butter</u> on the bread.
버터

She sewed a <u>button</u> on a coat.
단추

머리를 (계속) 들고 있어라.

테이블 위에 차 한 잔이 있다.

나는 우표 앨범을 샀다.

그는 북을 치고 있다.

사자가 막대기를 뛰어넘는다.

7은 내가 가장 좋아하는 숫자이다.

여름에는 더워진다.

우산을 가지고 가거라.

이 오리는 귀엽다.

행운을 빕니다!

그들은 버스를 타고 있다.

나는 하루에 세 번 이를 닦는다.

그는 단지 아이일 뿐이다.

그 이야기는 사실임에 틀림없어.

빵에 버터를 바르세요.

그녀는 코트에 단추를 달았다.

A 다음 영어 단어의 뜻을 빈칸에 써넣으세요.

1 mom _____   2 rock _____

3 fun _____   4 album _____

5 drum _____   6 number _____

B 우리말 뜻에 해당하는 영어 단어를 빈칸에 써넣으세요.

1 여름 _____   2 행운 _____

3 버스 _____   4 붓 _____

5 버터 _____   6 여자 _____

C 그림을 보고 해당하는 영어 단어를 연결해보세요.

| 1 | 2 | 3 | 4 | 5 |

clock   socks   sun   duck   umbrella

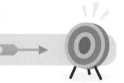

D 보기에서 우리말 뜻에 해당하는 단어를 찾아 빈칸에 써넣으세요.

but	button	coffee	cup	cut
job	just	lunch	run	up

1 finish a _____   일을 끝내다

2 _____ at that time   바로 그때

3 a cup of _____   커피 한 잔

4 a paper _____   종이컵

5 press a _____   버튼을 누르다

E 우리말 뜻에 맞도록 빈칸에 알맞는 영어 단어를 써넣으세요.

1 당신에게 신의 축복이 있기를 빕니다!   _____ bless you!

2 이 페이지를 베껴라.   _____ this page.

3 말은 빨리 달려요.   Horses _____ fast.

4 점심시간이다.   It's time for _____.

5 머리카락을 잘랐다.   I had my hair _____.

F 다음 영어 문장을 우리말로 옮기세요.

1 Hold your head up.   _____

2 I'd like to go, but I can't.   _____

3 The lion jumps over a stick.   _____

4 The story must be true.   _____

5 Try not to talk too much.   _____

193 **basket**
[bǽskit 배스킷] 몡 바구니

194 **pocket**
[pákit 파킷] 몡 주머니

195 **rocket**
[rákit 라킷] 몡 로켓

196 **enjoy**
[indʒɔ́i 엔조이] 동 즐기다

197 **often**
[ɔ́:fn 오-픈] 부 자주, 흔히

198 **open**
[óupən 오우픈] 형 열린 동 열다

199 **gentle**
[dʒéntl 젠틀] 형 점잖은, 상냥한

200 **pencil**
[pénsl 펜슬] 몡 연필

201 **parents**
[pέərənts 페어런츠] 몡 부모님

202 **hundred**
[hʌ́ndrəd 헌드러드] 몡 백(100)

203 **jungle**
[dʒʌ́ŋgl 정글] 몡 밀림지대, 정글

204 **hospital**
[háspitl 하스피틀] 몡 병원

205 **capital**
[kǽpitl 캐피틀] 몡 수도(서울)

206 **list**
[list 리스트] 몡 목록

207 **listen**
[lísn 리슨] 동 (귀 기울여) 듣다

208 **little**
[lítl 리틀] 형 작은, 어린

carry a _____

바구니를 나르다

respect my _____

부모님을 존경하다

a pants _____

바지 **주머니**

several _____

몇 **백**

a space _____

우주 **로켓**

go into the_____

정글 속으로 들어가다

_____ a game

게임을 **즐기다**

go to the _____

병원에 가다

_____ come to see me

나를 **자주** 만나러 오다

a _____ city

수도

an _____ door

열린 문

a ___ of members

회원 **명부**

a _____ heart

상냥한 마음

_____ to music

음악을 **듣다**

write with a _____

연필로 쓰다

The _____ Prince

어린 왕자

79

The <u>basket</u> is empty.
바구니

The coin is in his <u>pocket</u>.
주머니

The <u>rocket</u> was launched.
로켓

He <u>enjoyed</u> swimming yesterday.
즐기다

<u>Often</u> I miss breakfast.
자주

<u>Open</u> your mouth.
열다

She speaks in a <u>gentle</u> tone.
상냥한

I like to draw with a <u>pencil</u>.
연필

My <u>parents</u> live in Seoul.
부모님

I have two <u>hundred</u> dollars.
100(백)

The lion is the king of the <u>jungle</u>.
밀림

Henry is in the <u>hospital</u>.
병원

Seoul is the <u>capital</u> of Korea.
수도

Henry is writing a long <u>list</u>.
목록

I'm <u>listening</u> to music.
듣다

The cat is <u>little</u>.
작은

바구니가 비어 있다.

동전이 그의 주머니에 있다.

로켓이 발사되었다.

그는 어제 수영을 즐겼다.

나는 자주 아침을 거른다.

입을 벌리세요.

그녀는 상냥한 어조로 말한다.

나는 연필로 그림 그리는 걸 좋아해요.

부모님께서는 서울에 사신다.

나한테 200달러가 있다.

사자는 밀림의 왕이다.

헨리는 병원에 입원 중이다.

서울은 한국의 수도이다.

헨리는 긴 목록을 작성하고 있다.

난 음악을 듣고 있어.

저 고양이는 작다.

209 **fresh**
[freʃ 프레쉬] 휑 신선한

210 **push**
[puʃ 푸쉬] 동 밀다

211 **glad**
[glæd 글래드] 휑 기쁜

212 **radio**
[réidioù 레이디오우] 명 라디오

213 **salad**
[sǽləd 샐러드] 명 샐러드

214 **grass**
[græs 그래스] 명 풀, 잔디

215 **grandmother**
[grǽndmʌ̀ðər 그랜드머더] 명 할머니

216 **if**
[if 이프] 접 만일 ~한다면

217 **safe**
[seif 세이프] 휑 안전한

218 **knife**
[naif 나이프] 명 칼

219 **tennis**
[ténis 테니스] 명 테니스

220 **noise**
[nɔiz 노이즈] 명 소음

221 **a / an**
[ə 어 / ən 언] 관 하나의

222 **banana**
[bənǽnə 버내너] 명 바나나

223 **tomato**
[təméitou 터메이토우] 명 토마토

224 **potato**
[pətéitou 퍼테이토우] 명 감자

a _____ vegetable

신선한 채소

_____-up

엎드려팔굽혀펴기

be _____ to meet her

그녀를 만나서 **기쁘다**

listen to the _____

라디오를 듣다

a green _____

야채**샐러드**

cut _____

풀을 베다

my _____'s wish

내 **할머니**의 소원

_ I had wings

만약 나에게 날개가 있**다면**

a _____ place

안전한 장소

cut with a _____

칼로 자르다

a _____ racket

테니스 라켓

a loud _____

큰 **소음**

for _ week

1주간

a bunch of _____s

바나나 한 송이

_____ soup

토마토 수프

fry _____es

감자를 튀기다

Fresh air is good.
신선한

Don't push at the back.
밀다

I am glad to see you.
기쁜

Turn down the radio.
라디오

Bill ordered some spaghetti and salad.
샐러드

Keep off the grass.
잔디

My grandmother sings very well.
할머니

If it's fine tomorrow, I will go there.
만일

It is safe to wear a helmet.
안전한

The knife is very sharp.
칼

We lost the tennis game.
테니스

A noise alarmed the deer.
소음

I need a pencil.
하나의

This banana is short.
바나나

This fruit tastes like a tomato.
토마토

Henry peels a potato.
감자

신선한 공기는 좋다.

뒤에서 밀지 마.

너를 만나서 기뻐.

라디오 소리를 줄여라.

빌은 스파게티와 샐러드를 주문했다.

잔디밭에 들어가지 마시오.

할머니께서는 노래를 아주 잘 부르신다.

만일 내일 날이 좋으면, 난 거기에 갈거야.

헬멧을 쓰는 것은 안전하다.

그 칼은 정말 날카로워.

우리는 테니스 경기에서 패했다.

소음이 사슴을 놀라게 했다.

나는 연필 하나가 필요하다.

이 바나나는 짧아.

이 과일은 토마토 맛이 난다.

헨리는 감자 껍질을 벗기고 있다.

A 다음 영어 단어의 뜻을 빈칸에 써넣으세요.

1 basket _____

2 pocket _____

3 jungle _____

4 hospital _____

5 capital _____

6 list _____

B 우리말 뜻에 해당하는 영어 단어를 빈칸에 써넣으세요.

1 라디오 _____

2 샐러드 _____

3 잔디 _____

4 칼 _____

5 테니스 _____

6 소음 _____

C 그림을 보고 해당하는 영어 단어를 연결해보세요.

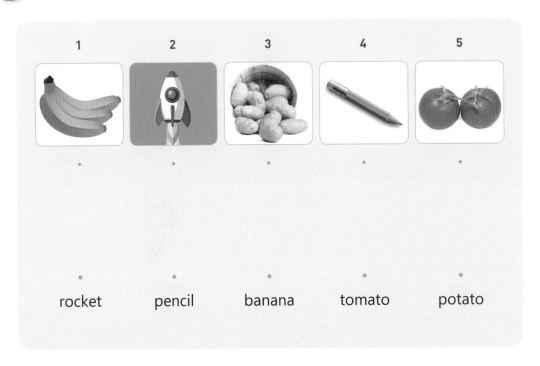

| 1 | 2 | 3 | 4 | 5 |

rocket   pencil   banana   tomato   potato

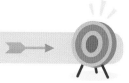

D 보기에서 우리말 뜻에 해당하는 단어를 찾아 빈칸에 써넣으세요.

enjoy	fresh	gentle	glad	if
listen	little	parents	push	safe

1 a _____ heart   상냥한 마음

2 _____ a game   게임을 즐기다

3 _____ to music   음악을 듣다

4 a _____ vegetable   신선한 야채

5 _____ I had wings   만약 나에게 날개가 있다면

E 우리말 뜻에 맞도록 빈칸에 알맞는 영어 단어를 써넣으세요.

1 입을 벌리세요.   _____ your mouth.

2 나는 자주 아침을 거른다.   _____ I miss breakfast.

3 나한테 200달러가 있다.   I have two _____ dollars.

4 저 고양이는 작다.   The cat is _____.

5 부모님께서는 서울에 사신다.   My _____ live in Seoul.

F 다음 영어 문장을 우리말로 옮기세요.

1 Don't push at the back.   _____

2 I am glad to see you.   _____

3 My grandmother sings very well.   _____

4 It is safe to wear a helmet.   _____

5 I need a pencil.   _____

225 **know**
[nou 노우] 통 알다, 알고 있다

226 **knock**
[nɑk 낙] 통 두드리다 명 두드리는 소리

227 **mirror**
[mírər 미러] 명 거울

228 **narrow**
[nǽrou 내로우] 형 (폭이) 좁은

229 **tomorrow**
[təmá:rou 터마-로우] 명 내일

230 **hurry**
[hə́:ri 허-리] 통 서두르다

231 **marry**
[mǽri 매리] 통 결혼하다

232 **hungry**
[hʌ́ŋgri 헝그리] 형 배고픈

233 **rich**
[ritʃ 리치] 형 부유한

234 **river**
[rívər 리버] 명 강

235 **bridge**
[bridʒ 브리지] 명 다리

236 **arrive**
[əráiv 어라이브] 통 도착하다

237 **drive**
[draiv 드라이브] 통 운전하다

238 **friend**
[frend 프렌드] 명 친구

239 **restaurant**
[réstərənt 레스터런트] 명 식당

240 **interest**
[íntərest 인터레스트] 명 흥미, 관심

_____ the fact
사실을 **알다**

_____ on the door
문을 **두드리다**

look in a _____
거울을 보다

a _____ river
좁은 강

_____ evening
내일 저녁

_____ home
집에 **서둘러 가다**

_____ a beautiful lady
아름다운 여성과 **결혼하다**

be _____ all day
하루 종일 **굶다**

a _____ father
부자 아버지

swim across a _____
강을 헤엄쳐 건너다

go across a _____
다리를 건너다

_____ at a school
학교에 **도착하다**

_____ a car
자동차를 **운전하다**

a _____ of mine
나의 **친구**

eat at a _____
식당에서 식사를 하다

show _____ in it
그것에 **관심**을 보이다

I <u>know</u> lots of fun songs.
알고 있다

She heard a <u>knock</u> on the door.
두드리는 소리

I'm looking for a <u>mirror</u>.
거울

The belt was <u>narrow</u> and long.
좁은

We'll meet <u>tomorrow</u>.
내일

Don't <u>hurry</u>.
서두르다

Please <u>marry</u> me.
결혼하다

I'm <u>hungry</u>.
배고픈

One day, I'll be <u>rich</u> and famous.
부유한

The <u>river</u> is wide.
강

Cross the <u>bridge</u>.
다리

He always <u>arrives</u> first.
도착하다

My mother <u>drove</u> me to school.
운전하다(drive)

You're a good <u>friend</u>.
친구

The <u>restaurant</u> was so crowded.
식당

She's lost <u>interest</u> in tennis.
흥미

난 재미있는 노래를 많이 알고 있어.

그녀는 문을 두드리는 소리를 들었다.

나는 거울을 찾고 있다.

그 벨트는 좁고 길었다.

내일 만나자.

서두르지 마.

저와 결혼해 줘요.

배고파요.

난 언젠가는 부자도 되고 유명해질 거야.

그 강은 넓다.

다리를 건너시오.

그는 항상 첫 번째로 도착해요.

엄마가 학교에 차로 태워 주셨다.

너는 정말 좋은 친구야.

그 식당은 꽤 붐비었다.

그녀는 테니스에 대한 흥미를 잃어버렸다.

241 **name**
[neim 네임] 몡 이름

242 **same**
[seim 세임] 혱 같은

243 **game**
[geim 게임] 몡 경기, 게임

244 **date**
[deit 데이트] 몡 날짜

245 **gate**
[geit 게이트] 몡 대문

246 **hate**
[heit 헤이트] 동 싫어하다

247 **late**
[leit 레이트] 혱 늦은

248 **later**
[léitər 레이터] 閉 후에, 나중에

249 **skate**
[skeit 스케이트] 몡동 스케이트(를 타다)

250 **tape**
[teip 테입] 몡 테이프

251 **grape**
[greip 그레입] 몡 포도

252 **shape**
[ʃeip 셰입] 몡 모양

253 **table**
[téibl 테이블] 몡 탁자, 테이블

254 **vegetable**
[védʒətəbl 베저터블] 몡 채소, 야채

255 **age**
[eidʒ 에이지] 몡 나이

256 **page**
[peidʒ 페이지] 몡 쪽, 페이지

call one's _____
~의 **이름**을 부르다

_____ on a lake
호수에서 **스케이트를 타다**

the _____age
같은 나이

play a ____
테이프를 틀다

the tennis _____
테니스 **경기**

_____ juice
포도 주스

fix the ____
날짜를 정하다

a round _____
둥근 **모양**

open a ____
대문을 열다

sit around a _____
탁자에 둘러앉다

____ each other
서로 **싫어하다**

fresh _____s
신선한 **야채**

go to bed ____
늦게 자다

at the ____ of ten
열 **살** 때에

three days ____
3일 **후에**

turn a _____
페이지를 넘기다

He didn't even know my <u>name</u>.
이름

We live in the <u>same</u> area.
같은

We finally won the <u>game</u>.
경기

What <u>date</u> is it today?
날짜

The <u>gate</u> is shut.
대문

I really <u>hate</u> oily food.
싫어하다

I'm <u>late</u> for school.
늦은

See you <u>later</u>.
나중에

Can you <u>skate</u>?
스케이트

I don't have a <u>tape</u> recorder.
테이프

Wine is made from <u>grape</u>s.
포도

What <u>shape</u> is it?
모양

You must clean the <u>table</u>.
테이블

She likes <u>vegetable</u> soup.
채소

She is your <u>age</u>.
나이

Everyone, open to <u>page</u> 12.
쪽

그는 내 이름조차 몰랐어.

우리는 같은 동네에 산다.

우리는 마침내 그 경기를 이겼다.

오늘은 며칠이니?

대문이 닫혀 있다.

난 느끼한 음식을 정말 싫어해.

나 학교에 늦었어.

나중에 또 봐.

너 스케이트 탈 줄 아니?

나에게는 테이프 녹음기가 없다.

와인은 포도로 만들어진다.

그것은 어떤 모양입니까?

테이블을 깨끗하게 치워야 해.

그녀는 야채수프를 좋아한다.

그녀는 너와 나이가 같다.

여러분, 12쪽을 펴세요.

A 다음 영어 단어의 뜻을 빈칸에 써넣으세요.

1 know _____

2 knock _____

3 marry _____

4 hungry _____

5 drive _____

6 restaurant_____

B 우리말 뜻에 해당하는 영어 단어를 빈칸에 써넣으세요.

1 게임 _____

2 날짜 _____

3 스케이트 _____

4 테이프 _____

5 나이 _____

6 쪽 _____

C 그림을 보고 해당하는 영어 단어를 연결해보세요.

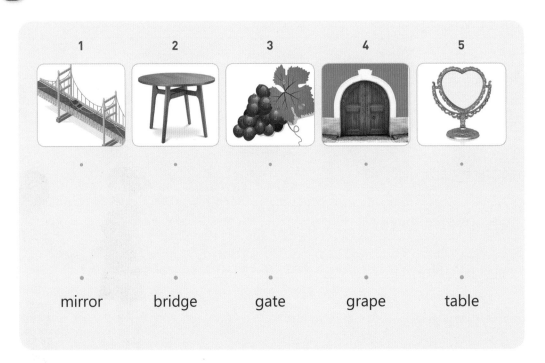

| 1 | 2 | 3 | 4 | 5 |

mirror   bridge   gate   grape   table

D 보기에서 우리말 뜻에 해당하는 단어를 찾아 빈칸에 써넣으세요.

arrive	hurry i	interest	late	later
name	narrow	rich	river	same

1 a _____ river 　　　　　좁은 강

2 a _____ father 　　　　부자 아버지

3 show _____ in it 　　　그것에 관심을 보이다

4 go to bed _____ 　　　늦게 자다

5 three days _____ 　　　3일 후에

E 우리말 뜻에 맞도록 빈칸에 알맞는 영어 단어를 써넣으세요.

1 내일 만나자. 　　　　　　　We'll meet _____.

2 서두르지 마. 　　　　　　　Don't _____.

3 그 강은 넓다. 　　　　　　　The _____ is wide.

4 그는 항상 첫 번째로 도착해요. 　He always _____ first.

5 너는 정말 좋은 친구야. 　　　You're a good _____.

F 다음 영어 문장을 우리말로 옮기세요.

1 He didn't even know my name. 　_____

2 We live in the same area. 　　　_____

3 I really hate oily food. 　　　　_____

4 What shape is it? 　　　　　　_____

5 She likes vegetable soup. 　　_____

먼저 눈으로 익히고 리듬을 타면서 큰소리로 읽어보세요.

257
lake
[leik 레이크] 뗑 호수

258
cake
[keik 케이크] 뗑 케이크

259
make
[meik 메이크] 똥 만들다

260
take
[teik 테이크] 똥 붙잡다, 가져가다

261
wake
[weik 웨이크] 똥 잠이 깨다, 잠을 깨우다

262
base
[beis 베이스] 뗑 기초

263
case
[keis 케이스] 뗑 상자, 경우

264
face
[feis 페이스] 뗑 얼굴

265
place
[pleis 플레이스] 뗑 장소

266
rain
[rein 레인] 뗑 비

267
rainbow
[reinbou 레인보우] 뗑 무지개

268
train
[trein 트레인] 뗑 열차

269
paint
[peint 페인트] 뗑 물감, 페인트 똥 칠하다

270
mail
[meil 메일] 뗑 우편, 우편물

271
waste
[weist 웨이스트] 똥 낭비하다

272
wait
[weit 웨잇] 똥 기다리다

swim in the _____

호수에서 수영하다

a _____ of meeting

모이는 장소

a birthday _____

생일 케이크

a heavy _____

폭우

_____ a dress

드레스를 만들다

a beautiful _____

아름다운 무지개

_____ a wild animal

야생 동물을 붙잡다

an express _____

급행열차

_____ up early

일찍 잠에서 깨다

_____ a wall

벽을 칠하다

a solid _____

탄탄한 기초

take the _____

우편물을 받다

in this _____

이 경우에는

_____ time

시간을 낭비하다

a round _____

둥근 얼굴

_____ for the train

기차를 기다리다

We walked to the <u>lake</u>.
호수

Jenny is making a <u>cake</u>.
케이크

Cows <u>make</u> milk.
만들다

<u>Take</u> it easy.
붙잡다

Don't <u>wake</u> up the baby.
잠을 깨우다

The <u>base</u> of a building is cement.
기초

This is a jewel <u>case</u>.
상자

My <u>face</u> dimples with a smile.
얼굴

She lives in a pretty <u>place</u>.
장소

The <u>rain</u> has stopped.
비

There is a <u>rainbow</u> over the mountain.
무지개

I took the wrong <u>train</u>.
열차

This <u>paint</u> comes off easily.
페인트

I sent a message to him by E-<u>mail</u>.
우편

Don't <u>waste</u> your money.
낭비하다

<u>Wait</u> a minute.
기다리다

우리는 호수까지 걸었다.

제니는 케이크를 만들고 있다.

암소들이 우유를 만든다.

맘을 편히 가져.

아기를 깨우지 마라.

건물의 기초는 시멘트이다.

이것은 보석 상자예요.

내 얼굴은 웃을 때 보조개가 생긴다.

그녀는 아름다운 곳에 산다.

비가 그쳤다.

그 산 위에 무지개가 있다.

나는 열차를 잘못 탔다.

이 페인트는 쉽게 벗겨진다.

나는 그에게 이메일로 메세지를 보냈다.

돈을 낭비하지 마라.

잠시 기다려라.

먼저 눈으로 익히고 리듬을 타면서 큰소리로 읽어보세요.

273 **day**
[dei 데이] 똉 낮, 하루

274 **pay**
[pei 페이] 똉 지불하다

275 **may**
[mei 메이] 쪼 ~해도 좋다 똉 5월(M-)

276 **say**
[sei 세이] 똉 말하다

277 **play**
[plei 플레이] 똉 놀다

278 **stay**
[stei 스테이] 똉 머무르다

279 **gray**
[grei 그레이] 똉 회색의

280 **way**
[wei 웨이] 똉 길, 방법

281 **away**
[əwéi 어웨이] 쩐 (~로부터) 떨어져

282 **subway**
[sʌ́bwèi 서브웨이] 똉 지하철

283 **lady**
[léidi 레이디] 똉 숙녀

284 **baby**
[béibi 베이비] 똉 아기

285 **after**
[ǽftər 애프터] 쩐 ~후에, 다음에

286 **afraid**
[əfréid 어프레이드] 똉 두려워하는

287 **step**
[step 스텝] 똉 걸음

288 **taste**
[teist 테이스트] 똉 맛 똉 맛보다

a rainy ____
비오는 **날**

____ in cash
현금으로 **지불하다**

____ I ~?
~해도 될까요?

____ a few words
몇 마디 **말하다**

____ with one's dolls
인형을 갖고 **놀다**

____ at home
집에 **머물다**

a ____ uniform
회색 유니폼

lead the ____
길을 안내하다

a ship far ____
멀리 **떨어진** 배

a _____ station
지하철역

the first____
대통령 **부인**[영부인]

a smile at a ____
아기에게 미소 짓다

the day ____
그 **다음** 날

be ____ of snakes
뱀을 **두려워하다**

a first ____
첫 **걸음**

____ sweet
달콤한 **맛**

103

Have a nice day.
하루

Can I pay later?
지불하다

There are 31 days in May.
5월

Please say that again.
말하다

Play outside the house.
놀다

I should like to stay here.
머무르다

My coat is gray.
회색의

The way is blocked.
길

He lives two blocks away from here.
떨어져

The subway has arrived at the station.
지하철

She did like a lady.
숙녀

Try not to wake the baby up.
아기

July comes after June.
다음에

Don't be afraid.
두려워하는

He took a step back.
걸음

We taste with our tongues.
맛보다

좋은 하루되세요.

나중에 지불해도 될까요?

5월에는 31일이 있다.

다시 한 번 말씀해 주세요.

집 밖에서 놀아라.

나는 이곳에 머무르고 싶다.

내 코트는 회색이에요.

길이 막혀 있다.

그는 여기서 두 블록 떨어진 곳에 산다.

지하철이 역에 도착했다.

그녀는 숙녀답게 행동했다.

아기 깨우지 않도록 해라.

7월은 6월 다음에 온다.

두려워하지마.

그는 뒤로 한 걸음 물러났다.

우리는 혀로 맛을 본다.

A 다음 영어 단어의 뜻을 빈칸에 써넣으세요.

1 lake _____ 2 cake _____

3 make _____ 4 place _____

5 rainbow _____ 6 paint _____

B 우리말 뜻에 해당하는 영어 단어를 빈칸에 써넣으세요.

1 지불하다 _____ 2 말하다 _____

3 회색의 _____ 4 길 _____

5 숙녀 _____ 6 발걸음 _____

C 그림을 보고 해당하는 영어 단어를 연결해보세요.

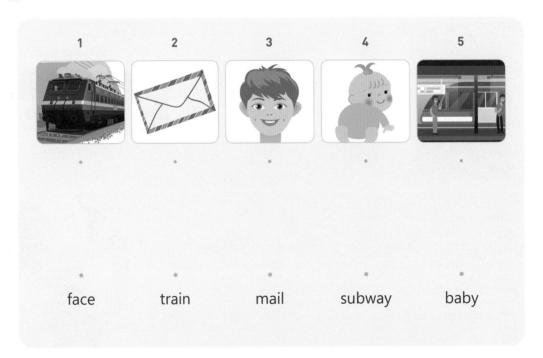

| 1 | 2 | 3 | 4 | 5 |

face   train   mail   subway   baby

D 보기에서 우리말 뜻에 해당하는 단어를 찾아 빈칸에 써넣으세요.

afraid	after	base	case	day
may	rain	stay	wake	waste

1 a solid _____   탄탄한 기초

2 in this _____   이 경우에는

3 a rainy _____   비오는 날

4 the day _____   그 다음 날

5 be _____ of snakes   뱀을 두려워하다

E 우리말 뜻에 맞도록 빈칸에 알맞는 영어 단어를 써넣으세요.

1 맘을 편히 가져.   _____ it easy.

2 아기를 깨우지 마라.   Don't _____ up the baby.

3 비가 그쳤다.   The _____ has stopped.

4 돈을 낭비하지 마라.   Don't _____your money.

5 잠시 기다려라.   _____ a minute.

F 다음 영어 문장을 우리말로 옮기세요.

1 There are 31 days in May.   _____

2 Play outside the house.   _____

3 I should like to stay here.   _____

4 He lives two blocks away from here. _____

5 We taste with our tongues.   _____

289 **air**
[εər 에어] 몡 공기

290 **airport**
[ɛərpɔːrt 에어포-트] 몡 공항

291 **chair**
[tʃεər 체어] 몡 의자

292 **fair**
[fɛər 페어] 혱 공정한

293 **hair**
[hɛər 헤어] 몡 머리카락

294 **pair**
[pɛər 페어] 몡 짝, 한 쌍

295 **stairs**
[stɛərz 스테어즈] 몡 계단

296 **be**
[bi 비] 동 ~이다, 있다

297 **he**
[hi: 히-] 대 그, 그는, 남자(수컷)

298 **sea**
[si: 시-] 몡 바다

299 **tea**
[ti: 티-] 몡 차

300 **eat**
[i:t 이-트] 동 먹다

301 **meat**
[mi:t 미-트] 몡 고기

302 **seat**
[si:t 시-트] 몡 의자, 자리

303 **green**
[gri:n 그리-인] 혱 녹색의, 푸른

304 **queen**
[kwi:n 퀴-인] 몡 여왕

fresh ___

신선한 **공기**

a ___-goat

숫염소

meet at the _____

공항에서 만나다

the deep ___

깊은 **바다**

have a _____

의자에 앉다

make ___

차를 끓이다[달이다]

a ___ manner

공정한 태도

___ breakfast

아침을 **먹다**

black ____

검은 **머리**

cook _____

고기를 요리하다

a _____ of shoes

신발 한 **켤레**

take a ____

자리에 앉다

go up the _____

계단을 오르다

_____ leaves

푸른 잎

___ on guard

보초 서고 **있다**

a beautiful _____

아름다운 **여왕**

We can't live without <u>air</u>.
공기

The plane is in the <u>airport</u>.
공항

The dog is on the <u>chair</u>.
의자

That sounds like a <u>fair</u> deal.
공정한

Don't forget to comb your <u>hair</u>!
머리카락

Where is the <u>pair</u> to this earring?
짝

Ally went up the <u>stairs</u>.
계단

He'll <u>be</u> waiting for us.
있다

This is Bill and <u>he</u> is my friend.
그는

The <u>sea</u> was smooth.
바다

I like strong <u>tea</u>.
차

I <u>ate</u> a hamburger for lunch.
먹다(eat)

This <u>meat</u> is tough.
고기

I'll sit in the front <u>seat</u>.
자리

The cucumber is <u>green</u>.
녹색의

The <u>queen</u> has a crown on her head.
여왕

우리는 공기 없이 살 수 없다.

비행기가 공항에 있다.

개가 의자 위에 있다.

공정한 것 같군.

너 잊지 말고 머리 빗어!

이 귀고리의 한 짝은 어디 있지?

앨리는 계단을 올라갔다.

그가 우리를 기다리고 있을 거야.

얘는 빌이고 내 친구예요.

바다는 잔잔했다.

나는 진한 차를 좋아한다.

점심으로 햄버거를 먹었다.

이 고기는 질겨.

앞자리에 앉겠습니다.

오이는 녹색이다.

여왕은 머리에 왕관을 쓰고 있다.

111

먼저 눈으로 익히고 리듬을 타면서 큰소리로 읽어보세요.

305 **see**
[si: 시-] 동 보다

306 **knee**
[ni: 니-] 명 무릎

307 **cheese**
[tʃi:z 치-즈] 명 치즈

308 **feel**
[fi:l 피-일] 동 느끼다

309 **week**
[wi:k 위-크] 명 주, 1주간

310 **deer**
[diər 디어] 명 사슴

311 **free**
[fri: 프리-] 형 자유로운

312 **tree**
[tri: 트리-] 명 나무

313 **need**
[ni:d 니-드] 명 필요 동 필요하다

314 **speed**
[spi:d 스피-드] 명 속도

315 **sheep**
[ʃi:p 쉬-입] 명 양

316 **sleep**
[sli:p 슬리-입] 동 자다

317 **deep**
[di:p 디-입] 형 깊은

318 **fine**
[fain 파인] 형 좋은

319 **line**
[lain 라인] 명 선, 줄

320 **pine**
[pain 파인] 명 소나무

_____ into the room
방안을 들여다 **보다**

feel the _____
~할 **필요**를 느끼다

bend one's _____s
무릎을 구부리다

top _____
최고 **속도**

bread and _____
치즈를 곁들인 빵

_____ graze
양들이 풀을 뜯다

_____ a pain
통증을 **느끼다**

_____ well
잘 **자다**

this _____
이번 **주**

_____ in the forest
깊은 숲 속에

a herd of _____
사슴 한 무리

a _____ view
좋은 경치

_____ time
자유 시간

draw a _____ on the paper
종이에 **선**을 긋다

a Christmas _____
크리스마스 **트리**

a _____ forest
소나무 숲

113

You can <u>see</u> stars in the country.
보다

I have a pain in my <u>knee</u>.
무릎

There is a slice of <u>cheese</u>.
치즈

I <u>felt</u> sorry for her.
느끼다(feel)

We meet once a <u>week</u>.
주간

The <u>deer</u> is in the forest.
사슴

I'm <u>free</u> today.
자유로운

Apples fall off the <u>tree</u>.
나무

I <u>need</u> a rest.
필요하다

He ran away at top <u>speed</u>.
속도

He keeps his <u>sheep</u>.
양

Owls <u>sleep</u> in the daytime.
자다

The sea is very <u>deep</u>.
깊은

How long will the <u>fine</u> weather hold?
좋은

Billy is the first in <u>line</u>.
줄

<u>Pine</u>s are green.
소나무

시골에서는 별을 볼 수 있어.

무릎이 아파요.

치즈 한 조각이 있다.

그녀에게 미안하다고 느꼈다.

우리는 일주일에 한 번 만난다.

사슴이 숲속에 있다.

난 오늘 한가해.

사과들이 나무에서 떨어진다.

나는 휴식이 필요하다.

그는 최고 속도로 달아났다.

그는 양을 지키고 있다.

올빼미는 낮에 잠을 잔다.

바다는 굉장히 깊다.

좋은 날씨가 얼마나 오래 갈까?

빌리는 줄의 맨 앞에 있다.

소나무는 푸르다.

A 다음 영어 단어의 뜻을 빈칸에 써넣으세요.

1 air _____

2 sea _____

3 eat _____

4 knee _____

5 cheese _____

6 need _____

B 우리말 뜻에 해당하는 영어 단어를 빈칸에 써넣으세요.

1 양 _____

2 깊은 _____

3 좋은 _____

4 소나무 _____

5 머리카락 _____

6 녹색의 _____

C 그림을 보고 해당하는 영어 단어를 연결해보세요.

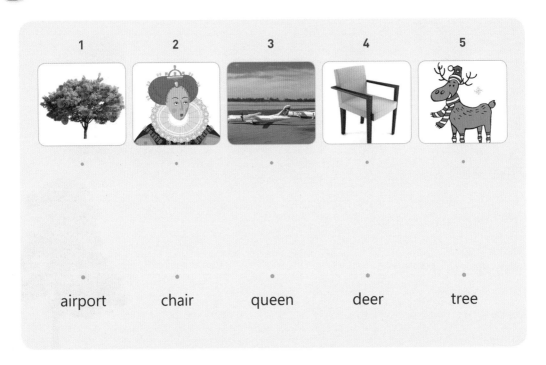

1	2	3	4	5

airport   chair   queen   deer   tree

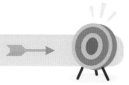

D 보기에서 우리말 뜻에 해당하는 단어를 찾아 빈칸에 써넣으세요.

| be | fair | free | he | meat |
| seat | speed | stairs | tea | week |

1 a _____ manner   공정한 태도

2 a _____-goat   숫염소

3 take a _____   자리에 앉다

4 _____ time   자유 시간

5 top _____   최고 속도

E 우리말 뜻에 맞도록 빈칸에 알맞는 영어 단어를 써넣으세요.

1 앨리는 계단을 올라갔다.   Ally went up the _____.

2 그가 우리를 기다리고 있을 거야.   He'll _____ waiting for us.

3 나는 진한 차를 좋아한다.   I like strong _____.

4 이 고기는 질겨.   This _____ is tough.

5 우리는 일주일에 한 번 만난다.   We meet once a _____.

F 다음 영어 문장을 우리말로 옮기세요.

1 Where is the pair to this earring? _____

2 You can see stars in the country. _____

3 I felt sorry for her. _____

4 Owls sleep in the daytime. _____

5 Billy is the first in line. _____

321 **meet**
[mi:t 미-트] 통 만나다

322 **sheet**
[ʃi:t 쉬-트] 명 시트, ~장(종이)

323 **street**
[stri:t 스트리-트] 명 거리

324 **sweet**
[swi:t 스위-트] 형 달콤한

325 **east**
[i:st 이-스트] 명 동쪽 형 동쪽의

326 **easy**
[í:zi 이-지] 형 쉬운

327 **beach**
[bi:tʃ 비-치] 명 해변, 바닷가

328 **teach**
[ti:tʃ 티-치] 통 가르치다

329 **steam**
[sti:m 스티-임] 명 증기

330 **team**
[ti:m 티-임] 명 팀

331 **cream**
[kri:m 크리-임] 명 크림

332 **dream**
[dri:m 드리-임] 명 꿈 통 꿈꾸다

333 **speak**
[spi:k 스피-크] 통 말하다

334 **break**
[breik 브레이크] 통 깨뜨리다, 부수다

335 **lead**
[li:d 리-드] 통 인도하다, 이끌다

336 **read**
[ri:d 리-드] 통 읽다

_____ a friend of mine

내 친구를 <u>만나다</u>

a _____ engine

<u>증기</u> 기관

a _____ of paper

종이 한 <u>장</u>

a basketball _____

농구 <u>팀</u>

a noisy _____

시끄러운 <u>거리</u>

chocolate _____s

초콜릿 <u>크림</u>

a _____ cake

<u>달콤한</u> 케이크

a wonderful _____

멋진 <u>꿈</u>

_____ of the city

도시의 <u>동쪽</u>

_____ English

영어를 <u>말하다</u>

an _____ book

<u>쉬운</u> 책

_____ a cup

컵을 <u>깨뜨리다</u>

play on the _____

<u>해변</u>에서 놀다

_____ her into the room

그녀를 방으로 <u>안내하다</u>

_____ English

영어를 <u>가르치다</u>

_____ a newspaper

신문을 <u>읽다</u>

World News

I **met** Eva yesterday.
만나다(meet)

She bought a light blue **sheet**.
시트

The **street** is empty.
거리

These grapes are **sweet**.
달콤한

The sun rises in the **east**.
동쪽

The work is **easy**.
쉬운

They went to the **beach**.
바닷가

Mrs. Kim **teaches** English.
가르치다

These engines are driven by **steam**.
증기

This **team** won the game.
팀

I like **cream** color.
크림

His **dream** came true.
꿈

She can **speak** good English.
말하다

He didn't **break** your glass.
깨뜨리다

You **lead**, and we'll follow.
이끌다

He can **read** French.
읽다

나는 어제 에바를 만났다.

그녀는 옅은 파란 색 시트를 샀다.

거리가 텅 비어 있다.

이 포도들은 달콤하다.

해는 동쪽에서 뜬다.

그 일은 쉽다.

그들은 바닷가에 갔다.

김 선생님은 영어를 가르치신다.

이 엔진들은 증기로 움직인다.

이 팀이 경기에서 이겼다.

나는 크림색을 좋아한다.

그의 꿈이 실현되었다.

그녀는 영어를 잘 한다.

그는 네 유리를 깨지 않았다.

네가 앞장서라, 그러면 우리가 따르겠다.

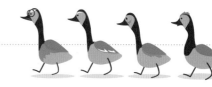

그는 프랑스어를 읽을 수 있다.

121

337
cheap
[tʃiːp 치-입] 형 (값이) 싼

338
leaf
[liːf 리-프] 명 나뭇잎

339
real
[ríːəl 리-얼] 형 실제의, 진짜의

340
beautiful
[bjúːtəfl 뷰-터플] 형 아름다운

341
weak
[wiːk 위-크] 형 약한

342
ear
[iər 이어] 명 귀

343
bear
[bɛər 베어] 명 곰

344
hear
[hiər 히어] 동 듣다

345
near
[niər 니어] 형 가까운 전 근처에

346
apple
[æpl 애플] 명 사과

347
people
[píːpl 피-플] 명 사람들

348
please
[pliːz 플리-즈] 부 부디, 제발 동 기쁘게 하다

349
clean
[kliːn 클리-인] 형 깨끗한

350
calendar
[kælindər 캘린더] 명 달력

351
I
[ai 아이] 대 나, 나는

352
we
[wiː 위-] 대 우리, 우리들

a _____ dress

싼 옷

_____ the school

학교 **근처에**

a green ____

푸른 **잎**

choose an _____

사과를 고르다

a ____ jewel

진짜 보석

many _____

많은 **사람들**

a _____ girl

아름다운 소녀

_____ highly

크게 **만족시키다**

a _____ team

약한 팀

a _____ room

깨끗한 방

pick one's ___s

귀를 후비다

hang a _____

달력을 걸다

a black ____

흑곰

between you and _

너와 **나** 사이에

_____ a voice

목소리를 **듣다**

___ have to ~

우리는 ~해야 한다

123

This note is <u>cheap</u>.
(값)싼

This is a four-<u>leaf</u> clover.
잎

It looks like a <u>real</u> unicorn.
실제의

Snow White is <u>beautiful</u>.
아름다운

He is <u>weak</u> in grammar.
약한

Rabbits have big <u>ear</u>s.
귀

The <u>bear</u> is very small.
곰

I <u>heard</u> a bird singing.
듣다

His house is very <u>near</u>.
가까운

This is a delicious <u>apple</u>.
사과

<u>People</u> drink water everyday.
사람들

<u>Please</u> forgive me.
제발

Keep your room <u>clean</u>.
깨끗한

Andy is hanging up a <u>calendar</u>.
달력

<u>I</u> have a cat.
나는

<u>We</u>'re painting the walls.
우리는

이 공책은 싸다.

이것은 네 잎 클로버다.

그것은 실제 유니콘처럼 생겼습니다.

백설공주는 아름다워요.

그는 문법에 약하다.

토끼는 귀가 크다.

곰이 매우 작다.

새가 노래하는 걸 들었어요.

그의 집은 아주 가깝다.

이건 맛있는 사과야.

사람들은 매일 물을 마신다.

제발 나를 용서하세요.

방을 깨끗이 해.

앤디는 달력을 걸고 있다.

나는 고양이가 한 마리가 있어요.

우리는 벽에 페인트를 칠하고 있어요.

A 다음 영어 단어의 뜻을 빈칸에 써넣으세요.

1 east _____   2 easy _____

3 teach _____   4 steam _____

5 team _____   6 speak _____

B 우리말 뜻에 해당하는 영어 단어를 빈칸에 써넣으세요.

1 바닷가 _____   2 거리 _____

3 만나다 _____   4 가까운 _____

5 꿈 _____   6 깨끗한 _____

C 그림을 보고 해당하는 영어 단어를 연결해보세요.

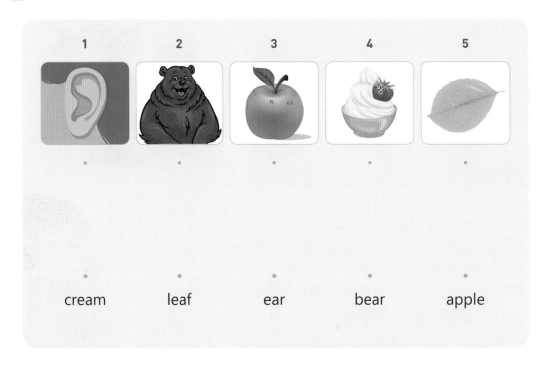

| 1 | 2 | 3 | 4 | 5 |

cream   leaf   ear   bear   apple

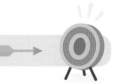

D 보기에서 우리말 뜻에 해당하는 단어를 찾아 빈칸에 써넣으세요.

beautiful	break	cheap	I	lead
read	real	sheet	sweet	weak

1 a _____ of paper   종이 한 장

2 a _____ cake   달콤한 케이크

3 between you and _____   너와 나 사이에

4 a _____ team   약한 팀

5 a _____ girl   아름다운 소녀

E 우리말 뜻에 맞도록 빈칸에 알맞는 영어 단어를 써넣으세요.

1 이 공책은 싸다.   This note is _____.

2 네가 앞장서라, 그러면 우리가 따르겠다.   You _____, and we'll follow.

3 그는 네 유리를 깨지 않았다.   He didn't _____ your glass.

4 제발 나를 용서하세요.   _____ forgive me.

5 그는 프랑스어를 읽을 수 있다.   He can _____ French.

F 다음 영어 문장을 우리말로 옮기세요.

1 It looks like a real unicorn.   _____

2 I heard a bird singing.   _____

3 People drink water everyday.   _____

4 Andy is hanging up a calendar.   _____

5 We're painting the walls.   _____

353 **hide**
[haid 하이드] 동 숨다

354 **ride**
[raid 라이드] 동 타다

355 **side**
[said 사이드] 명 쪽, 옆

356 **slide**
[slaid 슬라이드] 명 미끄럼틀　동 미끄러지다

357 **wide**
[waid 와이드] 형 넓은

358 **beside**
[bisáid 비사이드] 전 ~의 옆에

359 **ice**
[ais 아이스] 명 얼음

360 **nice**
[nais 나이스] 형 좋은, 괜찮은

361 **rice**
[rais 라이스] 명 쌀, 밥

362 **twice**
[twais 트와이스] 부 두 번

363 **juice**
[dʒuːs 주-스] 명 주스

364 **bicycle**
[báisikl 바이시클] 명 자전거

365 **like**
[laik 라이크] 동 좋아하다

366 **strike**
[straik 스트라이크] 동 치다, 때리다

367 **hi**
[hai 하이] 감 안녕 <만났을 때>

368 **high**
[hai 하이] 형 높은

_____ behind a tree

나무 뒤에 **숨다**

_____ on a train

기차를 **타다**

one _____ of the road

길 한**쪽**

_____ on the ice

얼음 위에서 **미끄러지다**

a _____ river

폭이 **넓은** 강

sit down _____ me

내 **옆에** 앉다

buy cold ___

차가운 **얼음**을 사다

a _____ song

좋은 노래

cook ____

밥을 짓다

_____ a day

하루에 **두 번**

orange _____

오렌지 **주스**

go by _____

자전거로 가다

____ fruit

일을 **좋아하다**

_____ a child

아이를 **때리다**

__ there!

어이, 안녕!

a _____ price

높은 가격

The thief <u>hide</u>s behind the wall.
숨다

Can you <u>ride</u> a bicycle?
타다

Keep close to my <u>side</u>.
옆

There is a <u>slide</u> on the playground.
미끄럼틀

She has a <u>wide</u> brow.
넓은

Ally is <u>beside</u> the desk.
~의 옆에

She slipped on the <u>ice</u>.
얼음

My new bike's <u>nice</u>, hey?
좋은

The Koreans eat <u>rice</u>.
쌀

I read the book <u>twice</u>.
두 번

I ordered a glass of <u>juice</u>.
주스

Riding a <u>bicycle</u> is my hobby.
자전거

She <u>likes</u> to sing a song.
좋아하다

A clock <u>strike</u>s three.
치다

<u>Hi</u>, Jenny! You look great.
안녕

The tower is <u>high</u>.
높은

도둑이 벽 뒤에 숨다.

자전거 탈 수 있니?

내 옆에 바짝 붙어 있어.

운동장에는 미끄럼틀이 있다.

그녀는 이마가 넓다.

앨리는 책상 옆에 있다.

그녀는 얼음 위에서 미끄러졌다.

내 새 자전거 좋지, 응?

한국인은 쌀[밥]을 먹는다.

나는 그 책을 두 번 읽었다.

나는 주스 한 잔을 주문했다.

자전거 타기는 내 취미이다.

그녀는 노래하는 걸 좋아해요.

시계가 3시를 친다.

안녕, 제니! 좋아 보이는구나.

탑이 높다.

먼저 눈으로 익히고 리듬을 타면서 큰소리로 읽어보세요.

369 **die**
[dai 다이] 동 죽다

370 **lie**
[lai 라이] 명 거짓말 동 거짓말하다

371 **tie**
[tai 타이] 명 넥타이 동 묶다

372 **field**
[fiːld 피-일드] 명 들판, 경기장

373 **white**
[hwàit 화이트] 형 하얀, 흰

374 **write**
[rait 라이트] 동 쓰다

375 **size**
[saiz 사이즈] 명 크기, 사이즈

376 **pipe**
[paip 파이프] 명 관, 파이프

377 **time**
[taim 타임] 명 시간

378 **smile**
[smail 스마일] 명 미소, 웃음 동 웃다

379 **hole**
[houl 호울] 명 구멍

380 **hope**
[houp 호웁] 명 희망 동 바라다

381 **hose**
[houz 호우즈] 명 호스

382 **note**
[nout 노우트] 명 공책, 노트, 메모

383 **smoke**
[smouk 스모욱] 명 연기

384 **model**
[mádl 마들] 명 모형, 모델

____ young
젊어서 **죽다**

a short ____
짧은 **시간**

tell a ___
거짓말 하다

hide a _____
웃음을 참다

___ shoes
신발 끈을 **묶다**

dig a ____
구멍을 파다

play in the green ____
풀밭에서 놀다

____ to be a teacher
교사가 되기를 **바라다**

a _____ lily
하얀 백합꽃

a garden ____
정원용 **호스**

_____ a letter
편지를 **쓰다**

make a ____ of ~
~을 **공책**에 적다

the ___ of the window
창문의 **크기**

cigarette _____
담배 연기

a long ____
긴 **파이프**

a new _____
새로운 **모형**

How did he die?
죽다

You must not tell a lie.
거짓말

Your tie is not straight.
넥타이

The farmer works in the field.
들판

Flour is as white as snow.
하얀

He cannot read or write.
쓰다

Do you have a small size?
사이즈

That pipe leaks gas.
관

I think it would be a nice time.
시간

A smile came to his lips.
미소

The dog is digging a hole.
구멍

Teenagers are our hope.
희망

He's spraying water with a hose.
호스

I left the note.
메모

Smoke filled the room.
연기

The model is tall and handsome.
모델

그는 어떻게 죽었죠?

거짓말을 하면 안 된다.

네 넥타이가 비뚤어져 있다.

농부가 들에서 일한다.

밀가루는 눈처럼 하얗다.

그는 읽을 줄도 쓸 줄도 모른다.

작은 사이즈 있나요?

저 관은 가스가 샌다.

좋은 시간이 될 거야.

그의 입술에 미소가 떠올랐다.

그 개는 구멍을 파고 있다.

10대는 우리의 희망이다.

그는 호스로 물을 뿌리고 있다.

나는 메모를 남겼다.

연기가 방을 가득 메웠다.

그 모델은 키가 크고 잘생겼다.

A 다음 영어 단어의 뜻을 빈칸에 써넣으세요.

1 model _____
2 size _____
3 slide _____
4 hide _____
5 ice _____
6 rice _____

B 우리말 뜻에 해당하는 영어 단어를 빈칸에 써넣으세요.

1 죽다 _____
2 묶다 _____
3 들판 _____
4 파이프 _____
5 시간 _____
6 구멍 _____

C 그림을 보고 해당하는 영어 단어를 연결해보세요.

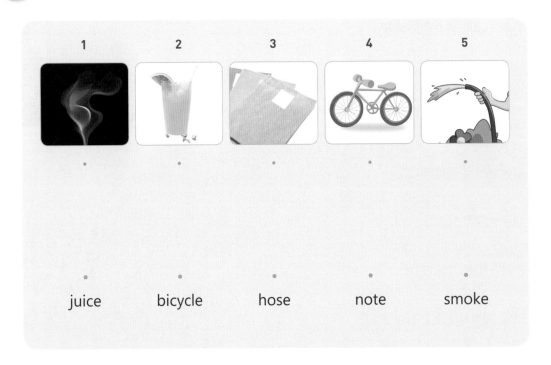

| 1 | 2 | 3 | 4 | 5 |

juice   bicycle   hose   note   smoke

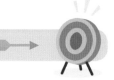

D 보기에서 우리말 뜻에 해당하는 단어를 찾아 빈칸에 써넣으세요.

| beside | high | lie | nice | ride |
| side | twice | white | wide | write |

1 one _____ of the road   길 한쪽

2 _____ a day   하루에 두 번

3 a _____ price   높은 가격

4 a _____ lily   하얀 백합꽃

5 _____ a letter   편지를 쓰다

E 우리말 뜻에 맞도록 빈칸에 알맞는 영어 단어를 써넣으세요.

1 자전거 탈 수 있니?   Can you _____ a bicycle?

2 그녀는 이마가 넓다.   She has a _____ brow.

3 앨리는 책상 옆에 있다.   Ally is _____ the desk.

4 내 새 자전거 좋지, 응?   My new bike's _____, hey?

5 안녕, 제니! 좋아 보이는구나.   _____, Jenny! You look great.

F 다음 영어 문장을 우리말로 옮기세요.

1 You must not tell a lie.   _____

2 A smile came to his lips.   _____

3 Teenagers are our hope.   _____

4 She likes to sing a song.   _____

5 A clock strikes three.   _____

385 **find**
[faind 파인드] 동 찾다

386 **kind**
[kaind 카인드] 명 종류 형 친절한

387 **behind**
[biháind 비하인드] 전 ~의 뒤에

388 **wind**
[wind 윈드] 명 바람

389 **window**
[wíndou 윈도우] 명 창문

390 **bright**
[brait 브라이트] 형 밝은

391 **fight**
[fait 파이트] 명 싸움 동 싸우다

392 **light**
[lait 라이트] 명 불빛

393 **night**
[nait 나이트] 명 밤

394 **right**
[rait 라이트] 명 오른쪽 형 옳은

395 **tonight**
[tunáit 투나잇] 명 오늘밤

396 **straight**
[streit 스트레이트] 형 곧은, 똑바른

397 **ago**
[əgóu 어고우] 부 이전에

398 **again**
[əgén 어겐] 부 다시

399 **bag**
[bæg 백] 명 가방

400 **flag**
[flæg 플래그] 명 깃발

_____ the pencil

연필을 **찾다**

late at _____

밤늦게

a _____ boy

친절한 소년

my _____ arm

나의 **오른**팔

hide _____ the door

문 **뒤에** 숨다

_____'s TV

오늘밤의 텔레비전 프로그램

a cold _____

찬**바람**

a _____ line

직선

break the _____

창문을 깨뜨리다

fifty years ____

50년 **전에**

a _____ star

빛나는 별

once _____

다시 한 번

_____ the enemy

적과 **싸우다**

put into a ____

가방에 넣다

a low _____

약한 **불빛**

put up a ____

깃발을 걸다

139

I <u>found</u> my book.
찾다(find)

What <u>kind</u> of food do you like?
종류

The boy is <u>behind</u> the tree.
뒤에

The <u>wind</u> is blowing.
바람

Please shut the <u>window</u>.
창문

The moon is <u>bright</u> tonight.
밝은

The <u>fight</u> is not over yet.
싸움

Turn on the <u>light</u>.
불(빛)

She bathes every <u>night</u>.
밤

She was perfectly <u>right</u>.
옳은

What do you want to do <u>tonight</u>?
오늘밤

The road is very <u>straight</u>.
똑바른

My birthday was two days <u>ago</u>.
이전에

She is crying <u>again</u>.
다시

The dog is in the <u>bag</u>.
가방

Taegeukgi is our national <u>flag</u>.
깃발

나는 내 책을 찾았다.

어떤 종류의 음식을 좋아하니?

소년이 나무 뒤에 있다.

바람이 불고 있다.

창문을 닫아주십시오.

오늘 밤 달이 밝다.

아직 싸움은 끝나지 않았다.

불을 켜라.

그녀는 매일 밤 목욕한다.

그녀가 전적으로 옳았다.

오늘밤 뭐 하고 싶어?

그 길은 매우 똑바르다.

내 생일은 이틀 전이었다.

그녀는 다시 울고 있다.

개가 가방 안에 있다.

태극기는 우리 국기이다.

401 **by**
[bai 바이] 젠 ~의 옆에

402 **bye**
[bai 바이] 감 안녕 <헤어질 때>

403 **eye**
[ai 아이] 명 눈

404 **cry**
[krai 크라이] 동 울다

405 **dry**
[drai 드라이] 형 마른, 건조한

406 **try**
[trai 트라이] 동 해보다, 시도하다

407 **fly**
[flai 플라이] 동 날다

408 **sky**
[skai 스카이] 명 하늘

409 **old**
[ould 오울드] 형 낡은, 늙은

410 **cold**
[kould 코울드] 형 추운, 차가운

411 **gold**
[gould 고울드] 명 금

412 **hold**
[hould 호울드] 동 잡다

413 **fire**
[faiər 파이어] 명 불

414 **tired**
[taiərd 타이어드] 형 피곤한

415 **here**
[hiər 히어] 부 여기에

416 **oh**
[ou 오우] 감 오!

stand ___ the gate

문 **옆에** 서다

say good-___

작별하다

sharp ___s

예리한 **눈**

___ for joy

기뻐서 **울다**

___ wood

마른 나무

___ hard

열심히 **노력하다**

___ in the sky

하늘을 **날다**

a clear___

맑은 **하늘**

an ___ coat

헌옷

___ drink

차가운 음료

a ___ ring

금반지

___ an arm

팔을 **잡다**

light a ___

불을 피우다

look ___

피곤해 보이다

come ___

여기에 오다

___ dear!

아이고 맙소사!

143

Ally is <u>by</u> the fence.
~의 옆에

Good <u>bye</u>. See you tomorrow.
안녕

Close one of your <u>eyes</u>.
눈

The baby began to <u>cry</u>.
울다

My hands are <u>dry</u> now.
마른

Let me <u>try</u> it again.
해보다

Children <u>flew</u> kites high in the sky.
날다(fly)

The sun has climbed the <u>sky</u>.
하늘

His uniform is <u>old</u>.
낡은

It's <u>cold</u>, isn't it?
차가운

Inside the box was a <u>gold</u> watch.
금

<u>Hold</u> the rope.
잡다

A <u>fire</u> broke out last night.
불

I'm too <u>tired</u> even to think.
피곤한

<u>Here</u> comes the bus.
여기에

<u>Oh</u>, sorry.
오

앨리는 담장 옆에 있다.

안녕, 내일 보자.

한쪽 눈을 감아.

그 아기가 울기 시작했다.

이제 손이 다 말랐어요.

내가 그걸 다시 해 볼게요.

아이들은 하늘 높이 연을 날렸다.

태양이 하늘 높이 떠올랐다.

그의 유니폼은 낡았다.

춥지, 안 그래?

그 상자 안에는 금시계가 들어 있었다.

밧줄을 잡아라.

어젯밤 불이 났다.

난 너무 피곤해서 생각도 못 하겠어.

여기에 버스가 온다.

오, 미안.

A 다음 영어 단어의 뜻을 빈칸에 써넣으세요.

1 kind   _____

2 wind   _____

3 bright   _____

4 light   _____

5 night   _____

6 right   _____

B 우리말 뜻에 해당하는 영어 단어를 빈칸에 써넣으세요.

1 곧은   _____

2 오늘밤   _____

3 하늘   _____

4 추운   _____

5 불   _____

6 여기에   _____

C 그림을 보고 해당하는 영어 단어를 연결해보세요.

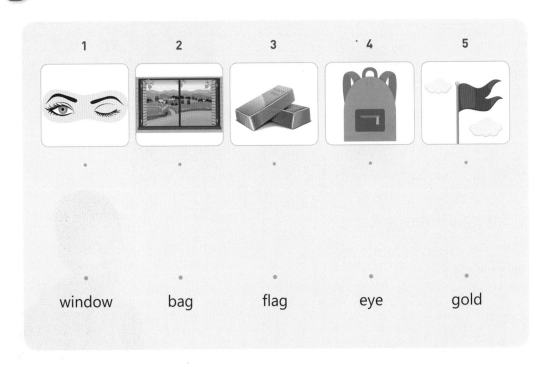

| 1 | 2 | 3 | 4 | 5 |

window   bag   flag   eye   gold

D 보기에서 우리말 뜻에 해당하는 단어를 찾아 빈칸에 써넣으세요.

again	ago	behind	by	bye
cry	dry	fight	old	try

1 hide _____ the door   문 뒤에 숨다

2 fifty years _____   50년 전에

3 once _____   다시 한 번

4 stand _____ the gate   문 옆에 서다

5 say good-_____   작별하다

E 우리말 뜻에 맞도록 빈칸에 알맞는 영어 단어를 써넣으세요.

1 나는 내 책을 찾았다.   I _____ my book

2 그 아기가 울기 시작했다.   The baby began to _____.

3 내가 그걸 다시 해 볼게요.   Let me _____ it again.

4 밧줄을 잡아라.   _____ the rope.

5 오, 미안.   _____, sorry.

F 다음 영어 문장을 우리말로 옮기세요.

1 Children flew kites high in the sky. _____

2 The fight is not over yet. _____

3 He became tired. _____

4 His uniform is old. _____

5 My hands are dry now. _____

417 **okay(OK)**
[òukéi 오우케이] 캄 좋아!

418 **glove**
[glʌv 글러브] 명 장갑

419 **stove**
[stouv 스토우브] 명 난로, 스토브

420 **move**
[mu:v 무-브] 동 움직이다

421 **robot**
[róubət 로우벗] 명 로봇

422 **zero**
[zírou 지로우] 명 영[0], 제로

423 **ruler**
[rú:lər 루-울러] 명 자

424 **fruit**
[fru:t 프루-트] 명 과일

425 **true**
[tru: 트루-] 형 참된, 진짜의

426 **blue**
[blu: 블루-] 형 파란, 푸른

427 **go**
[gou 고우] 동 가다

428 **no**
[nou 노우] 캄 아니다, 없다

429 **so**
[sou 소우] 부 너무나, 그렇게

430 **to**
[tu: 투-] 전 ~에게, ~으로

431 **do**
[du: 두-] 동 하다

432 **dog**
[dɔ:g 도-그] 명 개

빈칸에 알맞는 단어를 쓰면서 외우세요.

___, I'll do it.

좋아, 내가 해보지.

put on _____s

장갑을 끼다

a gas _____

가스난로

_____ the table

테이블을 **옮기다**

a toy _____

장난감 **로봇**

at 10 below _____

영하 10도에서

draw a line with a _____

자를 대고 선을 긋다

fresh _____

신선한 **과일**

_____ diamond

진짜 다이아몬드

a _____ ocean

푸른 바다

___ home

집에 **가다**

___ parking

주차 **금지**

___ many

그렇게 많이

go ___ the store

가게**에** 가다

___ one's homework

숙제를 **하다**

a clever ____

영리한 **개**

149

You have a great time, <u>okay</u>?
알았지?

I lost my <u>glove</u>s.
장갑

The <u>stove</u> smokes.
난로

Don't <u>move</u>.
움직이다

I wish for a <u>robot</u>.
로봇

I got a <u>zero</u> in science.
영(0)

Can I use your <u>ruler</u>?
자

I'd like some <u>fruit</u> juice.
과일

I think it is <u>true</u>.
진짜의

The sky is <u>blue</u>.
파란

<u>Go</u> straight.
가다

<u>No</u>, thanks.
아니다

I'm <u>so</u> glad to see you.
너무

I want to go <u>to</u> England.
~에

Bill didn't <u>do</u> his homework yesterday.
하다

A baby <u>dog</u> is called a puppy.
개

즐겁게 놀아라, 알았지?

나는 내 장갑을 잃어버렸다.

난로에서 연기가 난다.

움직이지 마.

나는 로봇이 갖고 싶어요.

나는 과학에서 영점을 받았다.

자 좀 써도 되겠니?

과일 주스로 주세요.

그게 사실이라고 생각해.

하늘이 파랗다.

똑바로 가라.

아뇨, 괜찮습니다.

만나서 너무 기뻐.

나는 영국에 가고 싶어.

빌은 어제 숙제를 안 했다.

새끼 개는 강아지라고 불린다.

puppy 강아지
[pʌ́pi 퍼피]

151

433
stone
[stoun 스토운] 몡 돌

441
soap
[soup 소웁] 몡 비누

434
telephone
[télifòun 텔리포운] 몡 전화기

442
post
[poust 포우스트] 몡 우편

435
television
[téləvìʒən 텔러비전] 몡 텔레비전

443
nose
[nouz 노우즈] 몡 코

436
hotel
[houtél 호우텔] 몡 호텔

444
rose
[rouz 로우즈] 몡 장미

437
board
[bɔːrd 보-드] 몡 판자, 게시판

445
close
[klouz 클로우즈] 동 닫다

438
boat
[bout 보우트] 몡 배, 보트

446
book
[buk 북] 몡 책

439
coat
[kout 코우트] 몡 외투, 코트

447
cook
[kuk 쿡] 몡 요리사 동 요리하다

440
road
[roud 로우드] 몡 길

448
look
[luk 룩] 동 보다

throw a _____

돌을 던지다

answer the _____

전화를 받다

watch _____

텔레비전을 보다

stay at a _____

호텔에 묵다

electronic _____

전자칠판

get in a _____

보트를 타다

a warm _____

따뜻한 코트

car on the _____

길 위의 차

wash with _____

비누로 씻다

_____ office

우체국

a long _____

긴 코

a red _____

빨간 장미

_____the zipper

지퍼를 채우다

read a _____

책을 읽다

a head _____

주방장

_____ at the picture

그림을 보다

The Pyramids were made of <u>stone</u>.
돌

The <u>telephone</u> is ringing.
전화기

I watch <u>television</u> every evening.
텔레비전

Jenny is staying at a <u>hotel</u>.
호텔

They are looking at the <u>board</u>.
게시판

There is a <u>boat</u> on the lake.
배

He is wearing a black <u>coat</u>.
코트

My house is across the <u>road</u>.
길

Wash your hands with <u>soap</u>.
비누

I live opposite the <u>post</u> office.
우편

Don't pick your <u>nose</u>!
코

This <u>rose</u> smells sweet.
장미

<u>Close</u> the door, please.
닫다

Ally is reading a <u>book</u>.
책

Andy's sister is a <u>cook</u>.
요리사

<u>Look</u> at me.
보다

피라미드는 돌로 만들어졌다.

전화가 울리고 있다.

나는 매일 저녁 텔레비전을 본다.

제니는 호텔에 머물고 있다.

그들은 게시판을 보고 있다.

호수 위에 배 한 척이 있다.

그는 검정 코트를 입고 있다.

우리 집은 길 건너편에 있다.

비누로 손을 씻어라.

나는 우체국 맞은편에 살고 있다.

코를 후비지 마라!

이 장미는 향기가 좋다.

문을 닫아 주세요.

앨리는 책을 읽고 있다.

앤디 언니는 요리사예요.

나를 봐.

A 다음 영어 단어의 뜻을 빈칸에 써넣으세요.

1 stove _____

2 ruler _____

3 fruit _____

4 stone _____

5 telephone _____

6 hotel _____

B 우리말 뜻에 해당하는 영어 단어를 빈칸에 써넣으세요.

1 코트 _____

2 길 _____

3 비누 _____

4 코 _____

5 장미 _____

6 요리사 _____

C 그림을 보고 해당하는 영어 단어를 연결해보세요.

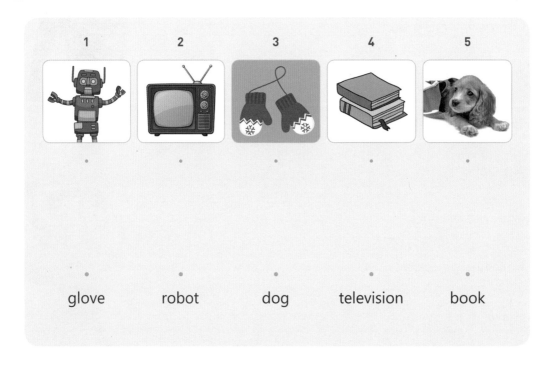

1 2 3 4 5

glove   robot   dog   television   book

D 보기에서 우리말 뜻에 해당하는 단어를 찾아 빈칸에 써넣으세요.

blue	board	boat	move	No
okay	post	so	to	true

1 a _____ ocean   푸른 바다

2 _____ parking   주차 금지

3 go _____ the store   가게에 가다

4 _____ office   우체국

5 electronic _____   전자칠판

E 우리말 뜻에 맞도록 빈칸에 알맞은 영어 단어를 써넣으세요.

1 움직이지 마.   Don't _____.

2 그게 사실이라고 생각해.   I think it is _____.

3 똑바로 가라.   _____ straight.

4 만나서 너무 기뻐.   I'm _____ glad to see you

5 나를 봐.   _____at me.

F 다음 영어 문장을 우리말로 옮기세요.

1 Bill didn't do his homework yesterday._____

2 You have a great time, okay?   _____

3 Close the door, please.   _____

4 There is a boat on the lake.   _____

5 I got a zero in science.   _____

449 **low**
[lou 로우] 혱낮은

457 **below**
[bilóu 빌로우] 젠~의 아래에

450 **grow**
[grou 그로우] 동성장하다, 자라다

458 **yellow**
[jélou 옐로우] 혱노란색의

451 **show**
[ʃou 쇼우] 동보여주다

459 **too**
[tu: 투-] 붠또한, 너무

452 **snow**
[snou 스노우] 몡눈 동눈이 내리다

460 **zoo**
[zu: 주-] 몡동물원

453 **throw**
[θrou 쓰로우] 동던지다

461 **roof**
[ru:f 루-프] 몡지붕

454 **bowl**
[boul 보울] 몡그릇, 공기

462 **room**
[ru:m 루-움] 몡방

455 **blow**
[blou 블로우] 동불다

463 **foot**
[fut 풋] 몡발

456 **slow**
[slou 슬로우] 혱느린

464 **shoot**
[ʃu:t 슈-트] 동쏘다

a very ____ voice

매우 **낮은** 소리

_____ very quickly

매우 빨리 **자라다**

_____ the picture

그림을 **보여주다**

a heavy _____

폭설

_____ a fast ball

빠른 볼[속구]을 **던지다**

a ____ of rice

밥 한 **공기**

_____ hard

세게 **불다**

walk at a ____ pace

느린 속도로 걷다

fall _____ zero

0도 **이하로** 떨어지다

wearing _____

노란 옷을 입은

____ big for me

나에게 **너무** 크다

animals in the ____

동물원의 동물들

the ____ of a car

차의 **지붕**

a children's _____

어린이 **방**

step on a ____

발을 밟다

_____ an arrow

활을 **쏘다**

The wall is <u>low</u>.
낮은

Many trees <u>grow</u> in the forest.
자라다

<u>Show</u> me your hands.
보여주다

Much <u>snow</u> has fallen.
눈

The children are <u>throw</u>ing the rocks.
던지다

Put eggs in a <u>bowl</u>.
그릇

Suddenly the wind <u>blow</u>s.
불다

Turtles are <u>slow</u>.
느린

See <u>below</u>.
~의 아래에

His raincoat is <u>yellow</u>.
노란색의

I like it, <u>too</u>.
또한

I saw a lion in the <u>zoo</u>.
동물원

The ball flew over the <u>roof</u>.
지붕

Flowers brighten a <u>room</u>.
방

A <u>foot</u> has five toes.
발

Don't move, or I'll <u>shoot</u> you.
쏘다

그 벽은 낮다.

많은 나무들이 숲에서 자란다.

네 손을 보여줘.

많은 눈이 내렸다.

아이들이 돌을 던지고 있다.

그릇에 달걀을 넣어라.

갑자기 바람이 분다.

거북이는 느리다.

아래를 보세요.

그의 비옷은 노란색이다.

나도 그걸 좋아해.

나는 동물원에서 사자를 보았다.

공이 지붕 너머로 날아갔다.

꽃은 방을 밝게 한다.

발에는 발가락 5개가 있어요.

꼼짝 마, 움직이면 쏜다.

465 **tooth**
[tu:θ 투-쓰] 몡 이, 치아

473 **afternoon**
[æftərnú:n 애프터누-운] 몡 오후

466 **good**
[gud 굿] 혱 좋은, 훌륭한

474 **balloon**
[bəlú:n 벌루-운] 몡 풍선

467 **food**
[fu:d 푸-드] 몡 음식

475 **moon**
[mu:n 무-운] 몡 달

468 **wood**
[wud 우드] 몡 나무

476 **soon**
[su:n 수-운] 붱 곧

469 **cool**
[ku:l 쿠-울] 혱 시원한

477 **spoon**
[spu:n 스푸-운] 몡 숟가락

470 **fool**
[fu:l 푸-울] 몡 바보

478 **door**
[dɔ:r 도-] 몡 문

471 **pool**
[pu:l 푸-울] 몡 웅덩이, 풀장

479 **floor**
[flɔ:r 플로-] 몡 바닥, 층

472 **school**
[sku:l 스쿠-울] 몡 학교

480 **poor**
[puər 푸어] 혱 가난한

brush one's _____

이를 닦다

a _____ boy

착한 소년

delicious _____

맛있는 **음식**

cut _____

나무를 자르다

_____ water

시원한 물

a stupid _____

어리석은 **바보**

swim in the _____

풀장에서 수영하다

a _____ on the hill

언덕 위의 **학교**

on Monday _____

월요일 **오후**에

blow up a _____

풍선을 불다

a trip to the _____

달 여행

will come _____

곧 올 거야

eat with a _____

숟가락으로 먹다

lock a _____

문을 잠그다

sweep a _____

바닥을 쓸다

_____ people

가난한 사람들

I have a <u>toothache</u>.
치통

She speaks <u>good</u> English.
좋은

Kimchi is a Korean traditional <u>food</u>.
음식

The table is made of <u>wood</u>.
나무

It's getting <u>cool</u>.
시원한

He is not a <u>fool</u>.
바보

The <u>pool</u> is crowded.
수영장

<u>School</u> begins at eight thirty.
학교

It is a nice Sunday <u>afternoon</u>.
오후

Andy's <u>balloon</u> is long.
풍선

The <u>moon</u> is shining brightly.
달

Walking <u>soon</u> tires me.
곧

I use a <u>spoon</u> when I eat food.
숟가락

Knock on the <u>door</u>.
문

The classroom is on the second <u>floor</u>.
층

He was born <u>poor</u>.
가난한

이가 아파요.

그녀는 영어를 잘 한다.

김치는 한국 전통 음식이다.

그 식탁은 나무로 만든 것이다.

선선해지고 있다.

그는 바보가 아니다.

수영장이 붐빈다.

학교는 8시 반에 시작된다.

화창한 일요일 오후다.

앤디의 풍선은 길다.

달이 밝게 빛나고 있다.

나는 걸으면 곧 피곤해진다.

나는 음식을 먹을 때 숟가락을 사용한다.

문을 두드리세요.

교실은 2층에 있다.

그는 가난한 집에서 태어났다.

A 다음 영어 단어의 뜻을 빈칸에 써넣으세요.

1 snow   _____   2 slow   _____

3 yellow   _____   4 zoo   _____

5 room   _____   6 tooth   _____

B 우리말 뜻에 해당하는 영어 단어를 빈칸에 써넣으세요.

1 음식   _____   2 나무   _____

3 풀장   _____   4 학교   _____

5 오후   _____   6 문   _____

C 그림을 보고 해당하는 영어 단어를 연결해보세요.

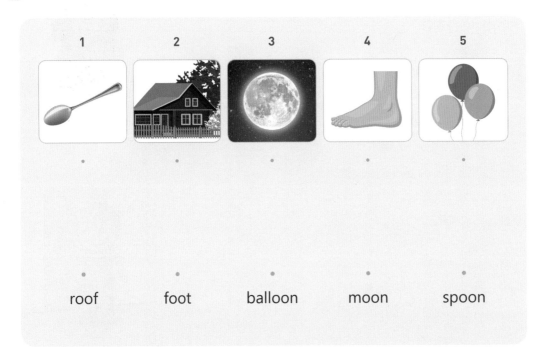

| 1 | 2 | 3 | 4 | 5 |

roof   foot   balloon   moon   spoon

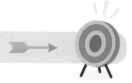

D 보기에서 우리말 뜻에 해당하는 단어를 찾아 빈칸에 써넣으세요.

below	bowl	cool	fool	good
grow	low	poor	soon	too

1 a very _____ voice   매우 낮은 소리

2 a _____ of rice   밥 한 공기

3 _____ big for me   나에게 너무 크다

4 a _____ boy   착한 소년

5 a stupid _____   어리석은 바보

E 우리말 뜻에 맞도록 빈칸에 알맞는 영어 단어를 써넣으세요.

1 네 손을 보여줘.   _____ me your hands.

2 아래를 보세요.   See _____.

3 나는 걸으면 곧 피곤해진다.   Walking _____ tires me.

4 그는 가난한 집에서 태어났다.   He was born _____.

5 선선해지고 있다.   It's getting _____.

F 다음 영어 문장을 우리말로 옮기세요.

1 Many trees grow in the forest.   _____

2 The children are throwing the rocks. _____

3 Suddenly the wind blows.   _____

4 Don't move, or I'll shoot you.   _____

5 The classroom is on the second floor. _____

먼저 눈으로 익히고 리듬을 타면서 큰소리로 읽어보세요.

481 **today**
[tudéi 투데이] 몡 오늘

482 **holiday**
[hálədèi 할러데이] 몡 휴일

483 **yesterday**
[jéstərdei 예스터데이] 몡 어제

484 **all**
[ɔ:l 오-올] 혱 모두, 모든

485 **ball**
[bɔ:l 보-올] 몡 공

486 **call**
[kɔ:l 코-올] 동 부르다, 전화하다

487 **fall**
[fɔ:l 포-올] 동 떨어지다

488 **hall**
[hɔ:l 호-올] 몡 넓은 방, 홀

489 **small**
[smɔ:l 스모-올] 혱 작은

490 **tall**
[tɔ:l 토-올] 혱 키가 큰

491 **always**
[ɔ́:lweiz 오-올웨이즈] 븐 항상

492 **salt**
[sɔ:lt 소-올트] 몡 소금

493 **arm**
[ɑ:rm 아-암] 몡 팔

494 **car**
[kɑ:r 카-] 몡 자동차

495 **far**
[fɑ:r 파-] 븐 멀리

496 **farm**
[fɑ:rm 파-암] 몡 농장

_____'s newspaper

오늘 신문

a _____ animal

작은 동물

a national _____

국**경일**

a ___ tree

키가 큰 나무

the day before _____

그저께

_____ late

항상 지각하다

___ boys

모든 소년들

put ____ in the soup

수프에 **소금**을 넣다

throw a ____

공을 던지다

make a long ____

팔을 쭉 뻗다

____ a name

이름을 **부르다**

a sleeping ___

침대**차**

___ to the ground

땅에 **떨어지다**

not ___ from here

여기서 **멀**지 않다

a large ____

큰 **방**

a fruit _____

과수**원**

169

<u>Today</u> is March 2nd.
오늘

Sunday is a <u>holiday</u>.
휴일

We played baseball <u>yesterday</u>.
어제

We are <u>all</u> six.
모두

That is my new <u>ball</u>.
공

<u>Call</u> him on the telephone.
전화하다

Leaves are <u>falling</u>.
떨어지다

The <u>hall</u> filled soon.
홀

Her uncle's store is <u>small</u>.
작은

The giraffe is very <u>tall</u>.
키가 큰

She is <u>always</u> late.
항상

Sprinkle the dish with <u>salt</u>.
소금

He laid a hand on my <u>arm</u>.
팔

That red <u>car</u> is nice.
차

He lives <u>far</u> from here.
멀리

His uncle lives on a <u>farm</u>.
농장

오늘은 3월 2일이에요.

일요일은 휴일이다.

우리는 어제 야구를 했다.

우리는 모두 여섯 명이다.

저건 나의 새 공이에요.

그에게 전화해라.

나뭇잎이 떨어지고 있다.

홀은 곧 만원이 되었다.

그녀의 삼촌 가게는 규모가 작다.

기린은 키가 매우 크다.

그녀는 항상 늦는다.

요리 위에 소금을 뿌려라.

그가 내 팔에 손을 얹었다.

저 빨간 차는 멋있다.

그 사람은 여기서 멀리 떨어져 산다.

그의 아저씨는 농장에 사신다.

tall

short

497 **large**
[lɑːrdʒ 라-지] 형 큰, 많은

498 **march**
[mɑːrtʃ 마-치] 동 행진하다 명 3월(M-)

499 **star**
[stɑːr 스타-] 명 별

500 **start**
[stɑːrt 스타-트] 동 시작하다

501 **party**
[pɑːrti 파-티] 명 파티

502 **dark**
[dɑːrk 다-크] 형 어두운

503 **park**
[pɑːrk 파-크] 명 공원

504 **market**
[mɑ́ːrkit 마-킷] 명 시장

505 **card**
[kɑːrd 카-드] 명 카드

506 **hard**
[hɑːrd 하-드] 형 단단한 부 열심히

507 **garden**
[gɑ́ːrdn 가-든] 명 정원

508 **pardon**
[pɑ́ːrdn 파-든] 명 용서 동 용서하다

509 **home**
[houm 호움] 명 집, 가정

510 **some**
[sʌm 섬] 형 약간의

511 **eraser**
[iréisər 이레이서] 명 지우개

512 **soccer**
[sɑ́kər 사커] 명 축구

a _____ family

많은 가족(대가족)

_____ through the streets

거리를 **행진하다**

a bright ____

밝은 **별**

_____ to dance

춤을 추기 **시작하다**

hold a _____

파티를 열다

a _____ night

어두운 밤

walk in a ____

공원을 걷다

shop at the _____

시장에서 물건을 사다

student ____

학생**증**

work _____

열심히 일하다

plant a _____

정원에 나무를 심다

ask for _____

용서를 빌다

a happy _____

행복한 **가정**

_____ flowers

약간의 꽃

a blackboard _____

칠판 **지우개**

a _____ ball

축구공

173

An elephant is a <u>large</u> animal.
큰

My birthday is <u>March</u>1st.
3월

<u>Star</u>s twinkle bright.
별

Please <u>start</u> again from the beginning.
시작하다

Welcome to our <u>party</u>!
파티

It is already <u>dark</u>.
어두운

Keep the <u>park</u> clean.
공원

Corn is available in the <u>market</u>.
시장

She sent a birthday <u>card</u>.
카드

The bricks are very <u>hard</u>.
단단한

Flowers beautify a <u>garden</u>.
정원

I will not <u>pardon</u> you.
용서하다

I stayed <u>home</u> yesterday.
집

Drink <u>some</u> milk.
약간의

I have an extra <u>eraser</u>.
지우개

He plays <u>soccer</u> on Saturday afternoon.
축구

코끼리는 큰 동물이다.

내 생일은 3월 1일이야.

별들이 밝게 빛나고 있다.

처음부터 다시 시작하세요.

우리 파티에 온 것을 환영해!

날이 벌써 어두워졌다.

공원을 깨끗이 합시다.

옥수수는 시장에서 살 수 있다.

그녀는 생일 카드를 보냈다.

그 벽돌은 매우 단단하다.

꽃은 정원을 아름답게 한다.

나는 너를 용서하지 않을 거야.

나는 어제 집에 있었다.

우유를 조금 마셔라.

남는 지우개가 한 개 있어요.

그는 토요일 오후에는 축구를 한다.

A 다음 영어 단어의 뜻을 빈칸에 써넣으세요.

1 today　_____
2 holiday　_____
3 yesterday　_____
4 hall　_____
5 salt　_____
6 party　_____

B 우리말 뜻에 해당하는 영어 단어를 빈칸에 써넣으세요.

1 공원　_____
2 카드　_____
3 시장　_____
4 정원　_____
5 지우개　_____
6 축구　_____

C 그림을 보고 해당하는 영어 단어를 연결해보세요.

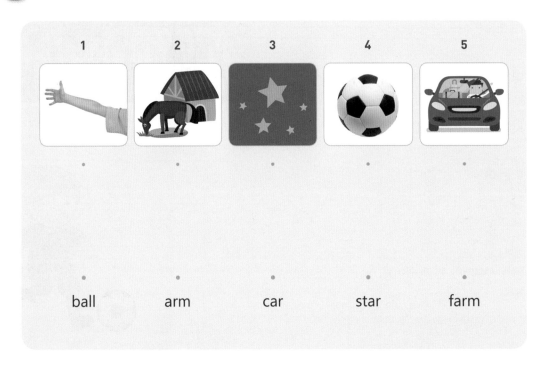

1   2   3   4   5

ball　　　arm　　　car　　　star　　　farm

176

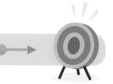

D 보기에서 우리말 뜻에 해당하는 단어를 찾아 빈칸에 써넣으세요.

all	always	call	dark	home
large	small	some	start	tall

1 _____ boys   모든 소년들

2 a _____ tree   키가 큰 나무

3 a _____ family   많은 가족(대가족)

4 a _____ night   어두운 밤

5 a happy _____   행복한 가정

E 우리말 뜻에 맞도록 빈칸에 알맞는 영어 단어를 써넣으세요.

1 그에게 전화해라.   _____ him on the telephone.

2 나뭇잎이 떨어지고 있다.   Leaves are _____.

3 그녀의 삼촌 가게는 규모가 작다.   Her uncle's store is _____.

4 그녀의 항상 늦는다.   She is _____ late.

5 우유를 조금 마셔라.   Drink _____ milk.

F 다음 영어 문장을 우리말로 옮기세요.

1 He lives far from here.   _____

2 Please start again from the beginning. _____

3 The bricks are very hard.   _____

4 I will not pardon you.   _____

5 My birthday is March1st.   _____

513 **computer**
[kəmpjúːtər 컴퓨-터] 몡 컴퓨터

514 **sister**
[sístər 시스터] 몡 여자 형제, 자매

515 **poster**
[póustər 포우스터] 몡 벽보, 포스터

516 **winter**
[wíntər 윈터] 몡 겨울

517 **brother**
[brʌ́ðər 브러더] 몡 남자 형제

518 **father**
[fɑ́ːðər 파-더] 몡 아버지

519 **mother**
[mʌ́ðər 머더] 몡 어머니

520 **other**
[ʌ́ðər 어더] 혱 그 밖의, 다른

521 **together**
[təgéðər 터게더] 뮈 함께

522 **shoulder**
[ʃóuldər 쇼울더] 몡 어깨

523 **under**
[ʌ́ndər 언더] 젼 아래에

524 **wonder**
[wʌ́ndər 원더] 몡 놀라움 동 놀라다

525 **dinner**
[dínər 디너] 몡 저녁식사

526 **corner**
[kɔ́ːrnər 코-너] 몡 모퉁이, 코너

527 **danger**
[déindʒər 데인저] 몡 위험

528 **hamburger**
[hǽmbəːrgər 햄버-거] 몡 햄버거

a _____ game

컴퓨터 게임

my big _____

우리 언니

take off the _____

포스터를 떼다

_____ weather

겨울 날씨

a blood _____

친형제

_____'s love

아버지의 사랑

a _____ of three

세 아이의 어머니

_____ day

다른 날

go to school _____

함께 학교에 가다

broad _____s

넓은 어깨

a bench _____ the tree

나무 아래의 벤치

be filled with _____

대단히 놀라다

invite to _____

저녁식사에 초대하다

building on the _____

모퉁이의 빌딩

a lot of _____

많은 위험

_____ patty

햄버거에 넣는 고기(패티)

He is playing a <u>computer</u> game.
컴퓨터

My <u>sister</u> resembles me.
여동생

I fixed a <u>poster</u> on the wall.
포스터

Spring follows <u>winter</u>.
겨울

How many <u>brothers</u> do you have?
형제들

My <u>father</u> is a policeman.
아버지

My <u>mother</u> likes flowers.
어머니

Do you have any <u>other</u> questions?
다른

The girls work <u>together</u>.
함께

He tapped me on the <u>shoulder</u>.
어깨

My doll is <u>under</u> the bed.
아래에

I <u>wondere</u>d to see you there.
놀라다

<u>Dinner</u> is ready.
저녁식사

Turn right at the <u>corner</u>.
모퉁이

We were in grave <u>danger</u>.
위험

Ally ordered two <u>hamburger</u>s.
햄버거

그는 컴퓨터 게임을 하고 있다.

내 여동생은 나와 닮았다.

나는 벽에 포스터를 붙였다.

봄은 겨울 다음에 온다.

형제가 몇 명이에요?

우리 아버지는 경찰이야.

우리 엄마는 꽃을 좋아해.

다른 질문은 없니?

그 소녀들은 함께 일한다.

그는 내 어깨를 가볍게 툭 쳤다.

내 인형이 침대 밑에 있다.

거기서 너를 보고 놀랐어.

저녁식사 준비가 되었다.

모퉁이에서 오른쪽으로 도세요.

우리는 심각한 위험에 처해 있었다.

앨리는 햄버거 두 개를 주문했다.

529
remember
[rimémbər 리멤버] 동 기억하다

537
circle
[sə́ːrkl 서-클] 명 원, 동그라미

530
cover
[kʌ́vər 커버] 동 덮다

538
thirsty
[θə́ːrsti 써-스티] 형 목마른

531
silver
[sílvər 실버] 명 은

539
dirty
[də́ːrti 더-티] 형 더러운

532
shower
[ʃáuər 샤워] 명 소나기, 샤워

540
birthday
[bə́ːrθdèi 버-쓰데이] 명 생일

533
flower
[fláuər 플라워] 명 꽃

541
skirt
[skəːrt 스커-트] 명 치마, 스커트

534
sir
[səːr 써-] 명 ~님, 손님

542
few
[fjuː 퓨-] 형 거의 없는, 적은

535
bird
[bəːrd 버-드] 명 새

543
new
[njuː 뉴-] 형 새로운

536
girl
[gəːrl 거-얼] 명 소녀

544
news
[njuːz 뉴-즈] 명 소식, 뉴스

_____ one's name

~의 이름을 **기억하다**

_____ a chair

의자에 **커버를 씌우다**

a _____ plate

은 접시

be caught in a _____

소나기를 만나다

a _____ garden

화원

Excuse me, ___.

실례합니다. **선생님**.

a _____'s nest

새둥지

a ___s' school

여학교

sit in a _____

빙 둘러앉다

feel _____

목이 마르다

a _____ face

더러운 얼굴

a _____ party

생일 파티

a short _____

짧은 **치마**

a ____ apples

적은 사과

a ____ address

새로운 주소

good _____

좋은 **소식**

I'll always <u>remember</u> you.
기억하다

<u>Cover</u> the child with a blanket.
덮다

Much jewelry is made from <u>silver</u>.
은

Henry is taking a <u>shower</u>.
샤워

The <u>flower</u> died at night.
꽃

Do you have a reservation, <u>sir</u>?
손님

A <u>bird</u> is flying above the tree.
새

The <u>girl</u> is drawing with crayons.
소녀

Draw a <u>circle</u>.
원

I am hungry and <u>thirsty</u> too.
목마른

The dog is <u>dirty</u>.
더러운

Happy <u>birthday</u>, Jane!
생일

She wants to wear a <u>skirt</u>.
스커트

There are a <u>few</u> apples in the basket.
거의 없는

Tell me something <u>new</u>.
새로운

That's great <u>news</u>.
소식

항상 너를 기억할게.

아이에게 담요를 덮어 주어라.

많은 보석이 은으로 만들어진다.

헨리는 샤워를 하고 있다.

그 꽃은 밤새 시들어버렸다.

손님, 예약하셨습니까?

새가 나무 위를 날고 있다.

소녀가 크레용으로 그림을 그리고 있다.

원을 그리시오.

나는 배도 고프고 목도 마른다.

개가 지저분하다.

생일 축하해, 제인!

그녀는 스커트를 입고 싶어 한다.

바구니 안에 사과가 몇 개 있다.

내게 새로운 얘기를 해 봐.

그거 정말 반가운 소식인데요.

A 다음 영어 단어의 뜻을 빈칸에 써넣으세요.

1 sister _____   2 poster _____

3 winter _____   4 brother _____

5 father _____   6 mother _____

B 우리말 뜻에 해당하는 영어 단어를 빈칸에 써넣으세요.

1 어깨 _____   2 저녁식사 _____

3 위험 _____   4 은 _____

5 소녀 _____   6 생일 _____

C 그림을 보고 해당하는 영어 단어를 연결해보세요.

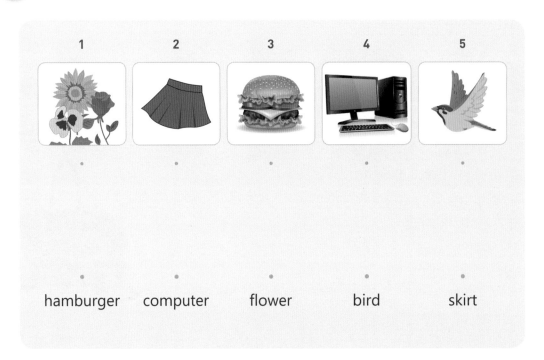

| 1 | 2 | 3 | 4 | 5 |

hamburger   computer   flower   bird   skirt

D 보기에서 우리말 뜻에 해당하는 단어를 찾아 빈칸에 써넣으세요.

circle	corner	dirty	few	new
news	other	shower	together	under

1 _____ day   다른 날

2 take a _____   샤워하다

3 sit in a _____   빙 둘러앉다

4 a _____ apples   적은 사과

5 a _____ address   새로운 주소

E 우리말 뜻에 맞도록 빈칸에 알맞는 영어 단어를 써넣으세요.

1 개가 지저분하다.   The dog is _____.

2 그거 정말 반가운 소식인데요.   That's great _____.

3 모퉁이에서 오른쪽으로 도세요. Turn right at the _____.

4 항상 너를 기억할게.   I'll always _____ you.

5 그 소녀들은 함께 일한다.   The girls work _____.

F 다음 영어 문장을 우리말로 옮기세요.

1 My doll is under the bed.   _____

2 I wondered to see you there.   _____

3 Cover the child with a blanket.   _____

4 Do you have a reservation, sir?   _____

5 I am hungry and thirsty too.   _____

545 **or**
[ɔːr 오-] 쩹 또는, ~아니면

546 **color**
[kʌ́lər 컬러] 몡 색깔, 컬러

547 **doctor**
[dáktər 닥터] 몡 의사

548 **morning**
[mɔ́ːrniŋ 모-닝] 몡 아침

549 **horse**
[hɔːrs 호-스] 몡 말

550 **storm**
[stɔːrm 스토-옴] 몡 폭풍

551 **sorry**
[sɔ́ːri 소-리] 혱 미안한

552 **story**
[stɔ́ːri 스토-리] 몡 이야기

553 **north**
[nɔːrθ 노-쓰] 몡 북쪽 혱 북쪽의

554 **sport**
[spɔːrt 스포-츠] 몡 운동, 스포츠

555 **score**
[skɔːr 스코-] 몡 점수

556 **store**
[stɔːr 스토-] 몡 가게

557 **before**
[bifɔ́ːr 비포-] 쩬 전에 <시간>

558 **for**
[fɔːr 포-] 쩬 ~을 위하여, ~ 동안

559 **forget**
[fərgét 퍼겟] 됭 잊다

560 **fork**
[fɔːrk 포-크] 몡 포크

summer __ winter

여름 **또는** 겨울

_____ of the city

그 도시의 **북쪽**

a dark _____

어두운 **색**

play a _____

운동을 하다

become a _____

의사가 되다

a perfect _____

만점

from _____ till evening

아침부터 저녁까지

open a _____

가게를 열다

ride a _____

말을 타다

_____ sunrise

해가 뜨기 **전에**

a heavy _____

심한 **폭풍우**

a present ___ you

너**를 위한** 선물

_____ about

~에 대해 **미안한**

_____ a name

이름을 **잊어버리다**

tell a _____

이야기를 하다

eat with a _____

포크로 먹다

Do you want one biscuit or two?
~아니면

What color do you like?
색

My dad is a doctor.
의사

I get up early every morning.
아침

A horse likes carrots.
말

The storm overtook the ship.
폭풍

I am sorry I am late.
미안한

I want to tell you a story.
이야기

Seoul is north of Busan.
북쪽

Ping-pong is an indoor sport.
스포츠

The score was three to five.
점수

There are many stores in this street.
상점

Wash your hands before lunch.
전에

I will stay here for a week.
~동안

I forgot my homework.
잊다(forget)

He bent the fork.
포크

비스킷 하나 줄까 아님 두 개 줄까?

무슨 색을 좋아해?

우리 아빠는 의사야.

나는 매일 아침 일찍 일어난다.

말은 당근을 좋아한다.

폭풍우가 갑자기 배를 덮쳤다.

늦어서 미안해.

너에게 들려줄 이야기가 하나 있어.

서울은 부산의 북쪽에 있다.

탁구는 실내 스포츠다.

점수는 3대 5였다.

이 거리에는 상점들이 많다.

점심 먹기 전에 손을 씻어라.

난 여기서 1주일 동안 머무를 거야.

나는 내 숙제를 잊어버렸다.

그는 포크를 구부렸다.

먼저 눈으로 익히고 리듬을 타면서 큰소리로 읽어보세요.

561 **burn**
[bəːrn 버-언] 동 불타다

562 **nurse**
[nəːrs 너-스] 명 간호사

563 **surprise**
[sərpráiz 서프라이즈] 명 놀람 동 놀라게 하다

564 **hurt**
[həːrt 허-트] 동 다치게 하다

565 **curtain**
[kə́ːrtn 커-튼] 명 커튼

566 **put**
[put 풋] 동 두다, 놓다

567 **shut**
[ʃʌt 셧] 동 닫다, 잠그다 형 닫힌

568 **cloud**
[klaud 클라우드] 명 구름

569 **loud**
[laud 라우드] 형 (소리가) 큰

570 **house**
[haus 하우스] 명 집

571 **thousand**
[θáuzənd 싸우전드] 명 1,000, 천

572 **count**
[kaunt 카운트] 동 세다, 계산하다

573 **mountain**
[máuntn 마운튼] 명 산

574 **out**
[aut 아웃] 전 밖으로

575 **about**
[əbáut 어바웃] 전 ~에 대해서, ~에 관한

576 **mouth**
[mauθ 마우쓰] 명 입

_____ out
다 **타다**

a _____ voice
큰 목소리

a kind _____
친절한 **간호사**

a large _____
넓은 **집**

a look of _____
놀란 표정

three _____
3,000(삼**천**)

_____ one's arm
팔을 **다치다**

_____ to seven
7까지 **세다**

a shower _____
샤워 **커튼**

a high _____
높은 **산**

___ a box on the desk
상자를 책상 위에 **놓다**

go ___
밖으로 나가다

_____the door
문을 **닫다**

know _____ her
그녀**에 대해** 알다

a white _____
하얀 **구름**

open one's _____
입을 벌리다

The steaks were <u>burned</u>.
타다

My sister is a <u>nurse</u>.
간호사

I have a <u>surprise</u> for you.
놀람

I <u>hurt</u> my thumb.
다치다(hurt)

Bill is opening the <u>curtains</u>.
커튼

Where did you <u>put</u> my shoes?
두다

The door is <u>shut</u>.
닫힌

The <u>cloud</u> hid the sun.
구름

Don't talk so <u>loud</u>.
(소리가) 큰

This <u>house</u> is ours.
집

It's two <u>thousand</u> won.
일천(1,000)

Let's <u>count</u> from one to ten.
세다

The man got lost in the <u>mountains</u>.
산

A dog ran <u>out</u> of the building.
밖으로

This book is <u>about</u> animals.
~에 관한

Watch your <u>mouth</u>!
입

스테이크가 다 타버렸다.

누나는 간호사예요.

너를 놀래줄 일이 있어.

엄지손가락을 다쳤다.

빌은 커튼을 열고 있다.

내 신발을 어디 두셨어요?

문이 닫혀 있다.

구름이 태양을 가렸다.

그렇게 크게 말하지 마라.

이 집이 우리 집이야.

2,000원입니다.

1부터 10까지 세어 보자.

그 남자는 산에서 길을 잃었다.

강아지가 건물 밖으로 뛰쳐나왔다.

이 책은 동물에 관한 내용이다.

말조심 해!

A 다음 영어 단어의 뜻을 빈칸에 써넣으세요.

1 morning _____   2 storm _____

3 story _____   4 north _____

5 thousand _____   6 score _____

B 우리말 뜻에 해당하는 영어 단어를 빈칸에 써넣으세요.

1 가게 _____   2 커튼 _____

3 구름 _____   4 집 _____

5 스포츠 _____   6 산 _____

C 그림을 보고 해당하는 영어 단어를 연결해보세요.

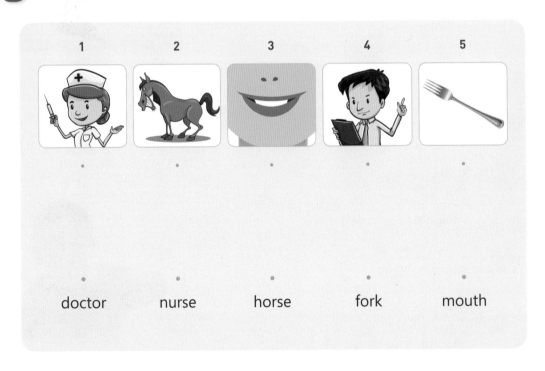

| 1 | 2 | 3 | 4 | 5 |

doctor   nurse   horse   fork   mouth

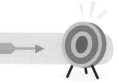

D 보기에서 우리말 뜻에 해당하는 단어를 찾아 빈칸에 써넣으세요.

before	color	forgot	hurt	loud
or	out	put	shut	sorry

1 summer _____ winter   여름 또는 겨울

2 a dark _____   어두운 색

3 _____ sunrise   해가 뜨기 전에

4 a _____ voice   큰 목소리

5 go _____   밖으로 나가다

E 우리말 뜻에 맞도록 빈칸에 알맞는 영어 단어를 써넣으세요.

1 늦어서 미안해요.   I am _____ I am late.

2 엄지손가락을 다쳤다.   I _____ my thumb.

3 문이 닫혀 있다.   The door is _____.

4 나는 내 숙제를 잊어버렸다.   I _____ my homework.

5 스테이크가 다 타버렸다.   The steaks were _____.

F 다음 영어 문장을 우리말로 옮기세요.

1 I will stay here for a week.   _____

2 I have a surprise for you.   _____

3 Where did you put my shoes?   _____

4 Let's count from one to ten.   _____

5 This book is about animals.   _____

577 **round**
[raund 라운드] 형 둥근

578 **sound**
[saund 사운드] 명 소리

579 **around**
[əráund 어라운드] 전 주위에

580 **ground**
[graund 그라운드] 명 땅, 운동장

581 **cow**
[kau 카우] 명 소

582 **how**
[hau 하우] 부 어떻게, 얼마

583 **now**
[nau 나우] 부 지금, 현재

584 **brown**
[braun 브라운] 명 갈색 형 갈색의

585 **down**
[daun 다운] 전 아래로, 아래에

586 **town**
[taun 타운] 명 읍, 도시

587 **boy**
[bɔi 보이] 명 소년

588 **toy**
[tɔi 토이] 명 장난감

589 **oil**
[ɔil 오일] 명 기름

590 **coin**
[kɔin 코인] 명 동전, 코인

591 **join**
[dʒɔin 조인] 동 가입하다

592 **point**
[pɔint 포인트] 명 점, 요점

a _____ table
둥근 탁자

go _____ a hill
언덕을 **내려**가다

a big _____
큰 **소리**

_____ and country
도시와 시골

set _____ the fire
불 **주위에** 둘러앉다

a ____ student
남학생

a baseball _____
야구**장**

play with a ____
장난감을 가지고 놀다

____'s milk
소젖(우유)

cooking ____
식용**유**

_____ about ~?
~는 **어때**요?

_____ changer
동전 교환기

until ____
지금까지

_____ the basketball team
농구팀에 **가입하다**

dark _____ color
진한 **갈색**

the _____ of her talk
그녀가 말하는 **요점**

199

We believe that the earth is <u>round</u>.
둥근

The ear reacts to <u>sound</u>.
소리

Bees are flying <u>around</u> the flowers.
주위에

The <u>ground</u> is very dry.
땅

The <u>cow</u> jumps over the fence.
소

<u>How</u> old are you?
몇

What are you doing <u>now</u>?
지금

Her hair is <u>brown</u>.
갈색

Don't look <u>down</u>.
아래로

They live in a small <u>town</u>.
도시

The <u>boy</u> is watching TV.
소년

He has a <u>toy</u> truck.
장난감

What kind of <u>oil</u> did you fry this in?
기름

My cousin has a <u>coin</u> collection.
동전

Can't you <u>join</u> us?
가입하다

I agree with him on that <u>point</u>.
점

우리는 지구가 둥글다는 것을 믿는다.

귀는 소리에 반응한다.

벌들이 꽃 주변을 날고 있다.

땅이 매우 건조하다.

소가 울타리를 뛰어넘는다.

몇 살이니?

지금 뭐 해?

그녀의 머리는 갈색이다.

아래를 내려다보지 마라.

그들은 작은 도시에 살고 있다.

소년은 TV를 보고 있다.

그는 장난감 트럭을 가지고 있다.

이거 어떤 기름에 튀기셨어요?

내 사촌은 동전을 수집한다.

우리와 같이 할 수 없니?

나는 그 점에서 그의 의견에 동의해요.

593 **autumn**
[ɔ́:təm 오-텀] 명 가을

594 **daughter**
[dɔ́:tər 도-터] 명 딸

595 **draw**
[drɔ: 드로-] 동 그리다, 당기다

596 **strawberry**
[strɔ́:bèri 스트로-베리] 명 딸기

597 **breakfast**
[brékfəst 브렉퍼스트] 명 아침식사

598 **sweater**
[swétər 스웨터] 명 스웨터

599 **weather**
[wéðər 웨더] 명 날씨

600 **any**
[éni 에니] 형 어떤, 아무런

601 **many**
[méni 메니] 형 많은, 다수의

602 **early**
[ə́:rli 어-얼리] 부 일찍

603 **family**
[fǽməli 패멀리] 명 가족

604 **only**
[óunli 오운리] 부 오직, 유일한, ~만의

605 **country**
[kʌ́ntri 컨트리] 명 시골, 나라

606 **carry**
[kǽri 캐리] 동 운반하다, 들고 다니다

607 **diary**
[dáiəri 다이어리] 명 일기

608 **library**
[láibrèri 라이브레리] 명 도서관

an _____ day
어느 **가을**날

_____ friends
많은 친구들

an only _____
외동**딸**

go to bed _____
일찍 자다

_____ the curtain
커튼을 **치다**

a _____ of five
5인 **가족**

_____ jam
딸기 쨈

eat _____ bread
빵**만** 먹다

after _____
아침식사 후

live in the _____
시골에서 살다

put on a _____
스웨터를 입다

_____ a box
상자를 **나르다**

fine _____
좋은 날씨

write a _____
일기를 쓰다

_____ people
어떤 사람

take a book from a _____
도서관에서 책을 빌리다

Leaves fall in <u>autumn</u>.
가을

She is Mr. Brown's <u>daughter</u>.
딸

<u>Draw</u> the curtains.
당기다

I want to try the <u>strawberry</u> cake, too.
딸기

I had a good <u>breakfast</u>.
아침식사

Mary is knitting a <u>sweater</u>.
스웨터

<u>Weather</u> keeps fine.
날씨

Bill doesn't have <u>any</u> questions.
아무런

I have a few, but not <u>many</u>.
많은

I get up <u>early</u>.
일찍

That is my <u>family</u>.
가족

You are my <u>only</u> friend.
유일한

Russia is a big <u>country</u>.
나라

He always <u>carries</u> a camera.
들고 다니다

I keep a <u>diary</u> everyday.
일기

You should be quiet in the <u>library</u>.
도서관

가을에는 낙엽이 진다.

그녀는 브라운 씨의 딸입니다.

커튼을 쳐라.

나는 딸기 케이크도 먹어보고 싶어.

나는 아침을 맛있게 먹었다.

메리는 스웨터를 짜고 있다.

좋은 날씨가 계속되고 있다.

빌은 아무런 질문도 없어.

내게 조금은 있지만 많이는 없다.

나는 일찍 일어난다.

저 사람들은 나의 가족이에요.

너는 나의 유일한 친구이다.

러시아는 큰 나라이다.

그는 항상 카메라를 들고 다닌다.

나는 매일 일기를 쓴다.

도서관에서는 조용히 해야 한다.

A 다음 영어 단어의 뜻을 빈칸에 써넣으세요.

1 round _____   2 sound _____

3 ground _____   4 brown _____

5 down _____   6 town _____

B 우리말 뜻에 해당하는 영어 단어를 빈칸에 써넣으세요.

1 소년 _____   2 기름 _____

3 가을 _____   4 딸기 _____

5 도서관 _____   6 가족 _____

C 그림을 보고 해당하는 영어 단어를 연결해보세요.

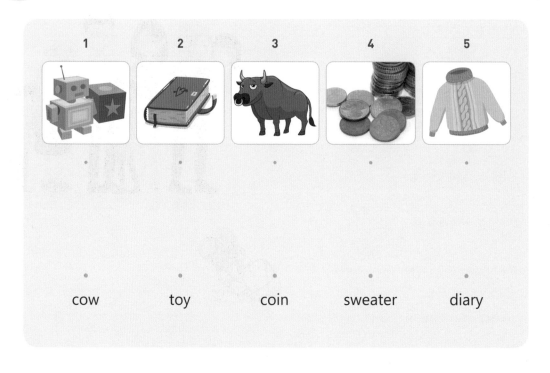

| 1 | 2 | 3 | 4 | 5 |

cow　　　　toy　　　　coin　　　　sweater　　　　diary

D 보기에서 우리말 뜻에 해당하는 단어를 찾아 빈칸에 써넣으세요.

| any | around | country | daughter | early |
| join | many | now | only | point |

1 set _____ the fire   불 주위에 둘러앉다

2 _____ people   어떤 사람

3 _____ friends   많은 친구들

4 go to bed _____   일찍 자다

5 eat _____ bread   빵만 먹다

E 우리말 뜻에 맞도록 빈칸에 알맞는 영어 단어를 써넣으세요.

1 우리와 같이 할 수 없니?   Can't you _____ us?

2 커튼을 쳐라.   _____ the curtains.

3 몇 살이니?   _____ old are you?

4 좋은 날씨가 계속되고 있다.   _____ keeps fine.

5 러시아는 큰 나라이다.   Russia is a big _____.

F 다음 영어 문장을 우리말로 옮기세요.

1 What are you doing now?   _____

2 I agree with him on that point.   _____

3 He always carries a camera.   _____

4 I had a good breakfast.   _____

5 She is Mr. Brown's daughter.   _____

609 **buy**
[bai 바이] 동 사다

610 **busy**
[bízi 비지] 형 바쁜

611 **key**
[ki: 키-] 명 열쇠, 키

612 **monkey**
[mʌ́ŋki 멍키] 명 원숭이

613 **money**
[mʌ́ni 머니] 명 돈

614 **change**
[tʃeindʒ 체인지] 동 바꾸다

615 **church**
[tʃə́ːrtʃ 처-치] 명 교회

616 **touch**
[tʌtʃ 터치] 동 만지다

617 **chicken**
[tʃíkin 치킨] 명 닭

618 **child**
[tʃaild 차일드] 명 어린이

619 **kitchen**
[kítʃin 키친] 명 주방

620 **catch**
[kætʃ 캐치] 동 잡다, 붙들다

621 **watch**
[wɔːtʃ 워-치] 명 시계 동 지켜보다

622 **she**
[ʃiː 쉬-] 대 그녀, 여자, 암컷

623 **shall**
[ʃæl 셸] 조 ~일 것이다, ~할 것이다

624 **shirt**
[ʃəːrt 셔-츠] 명 셔츠

_____ a book
책을 **사다**

a _____ day
바쁜 하루

make a ___
열쇠를 만들다

a spider _____
거미 **원숭이**

have some _____
약간의 **돈**을 가지고 있다

_____ the rules
규칙을 **바꾸다**

go to _____
교회에 가다

Don't _____ me.
나를 **만지**지 마.

a roast _____
통닭구이

a little _____
어린 **아이**

cook in the _____
주방에서 요리하다

_____ the ball
공을 **잡다**

_____TV
텔레비전을 **보다**

a ___-goat
암 염소

_____ succeed this time
이번에는 성공**할 것이다**

a gray_____
회색 **셔츠**

I want to <u>buy</u> a melon.
사다

I am <u>busy</u> now.
바쁜

I've lost my <u>key</u>.
열쇠

A <u>monkey</u> has a long tail.
원숭이

I need more <u>money</u> to buy it.
돈

<u>Change</u> your clothes.
바꾸다

I go to <u>church</u> with my family.
교회

Don't <u>touch</u> that plate—it's hot!
만지다

How much is the <u>chicken</u>?
치킨

The mother looking for the <u>child</u>.
아이

Mother is in the <u>kitchen</u>.
주방

Cats <u>catch</u> mice.
잡다

This <u>watch</u> is exact.
시계

<u>She</u> paints well.
그녀는

I <u>shall</u> start tomorrow.
~할 것이다

Henry is ironing his <u>shirt</u>.
셔츠

멜론을 사고 싶다.

나는 지금 바쁘다.

나는 열쇠를 잃어버렸다.

원숭이는 꼬리가 길다.

그것을 사기 위해 돈이 더 필요하다.

옷 갈아 입어라.

나는 가족들과 교회에 가.

그 접시 만지지 마, 뜨거워!

치킨은 얼마입니까?

엄마가 아이를 찾고 있다.

엄마는 주방에 계신다.

고양이는 쥐를 잡는다.

이 시계는 정확하다.

그녀는 그림을 잘 그린다.

나는 내일 출발할 거야.

헨리는 셔츠를 다리고 있다.

625 **shoe**
[ʃuː 슈-] 몡 신발

626 **short**
[ʃɔːrt 쇼-트] 혱 짧은

627 **shout**
[ʃaut 샤우트] 동 외치다

628 **than**
[ðæn 댄] 졉 ~보다

629 **thank**
[θæŋk 쌩크] 동 감사하다

630 **that**
[ðæt 댓] 때 저것

631 **the**
[ðə 더] 괸 그, 저

632 **there**
[ðɛər 데어-] 튀 거기에, 그곳에

633 **they**
[ðei 데이] 때 그들

634 **this**
[ðis 디스] 때 이것

635 **what**
[wɔt 윗] 의 무엇

636 **where**
[wɛər 웨어-] 의 어디에

637 **when**
[hwen 웬] 의 언제

638 **which**
[witʃ 위치] 의 어느 쪽

639 **who**
[huː 후-] 의 누구

640 **why**
[wai 와이] 의 왜

new _____s

새 **신발**

_____ look happy.

그들은 행복해 보인다.

a _____story

짧은 이야기

___ table

이 탁자

_____ one's name

~의 이름을 **큰소리로 부르다**

_____ is ~?

~은 **무엇**입니까?

older _____ I

나**보다** 나이가 많다

_____ is ~?

~은 **어디**입니까?

_____ you for ~

~에 대해 **감사하다**

_____ is ~?

~은 **언제**입니까?

___ boy

저 소년

_____ is ~?

어느 쪽이 ~입니까?

___ book

그 책

_____ is ~?

~은 **누구**입니까?

near _____

거기 근처에

_____ is ~?

왜 ~입니까?

He eased off his <u>shoes</u>.
신발

Fall seems <u>short</u>.
짧은

Don't <u>shout</u>!
외치다

I am older <u>than</u> you.
~보다

<u>Thank</u> you anyway.
감사하다

Ask <u>that</u> man there.
저

<u>The</u> girl has lost her wallet.
그

He lives near <u>there</u>.
그곳에

<u>They</u> lived happily.
그들

<u>This</u> is eatable.
이것

<u>What</u> happened?
무엇

<u>Where</u> shall we meet?
어디에

<u>When</u> will your sister be at home?
언제

<u>Which</u> is your book?
어느 것

<u>Who</u> is that?
누구

<u>Why</u> are you in a hurry?
왜

그는 가만히 신발을 벗었다.

가을은 짧은 것 같다.

소리치지 마!

나는 너보다 나이가 많아.

어쨌든 고마워.

저기에 있는 저 남자에게 물어봐.

그 소녀는 지갑을 잃어버렸다.

그는 그곳 근처에 산다.

그들은 행복하게 살았다.

이것은 먹을 수 있다.

무슨 일이 있었니?

우리 어디서 만날까?

언제 너희 언니가 집에 들어오니?

어느 것이 네 책이니?

저 얘는 누구야?

왜 그리 서두르니?

215

A 다음 영어 단어의 뜻을 빈칸에 써넣으세요.

1 money _____   2 kitchen _____

3 she _____   4 that _____

5 they _____   6 this _____

B 우리말 뜻에 해당하는 영어 단어를 빈칸에 써넣으세요.

1 무엇 _____   2 어디에 _____

3 언제 _____   4 어느쪽 _____

5 누구 _____   6 왜 _____

C 그림을 보고 해당하는 영어 단어를 연결해보세요.

key   monkey   chicken   church   shoe

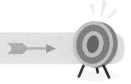

D 보기에서 우리말 뜻에 해당하는 단어를 찾아 빈칸에 써넣으세요.

| busy | buy | child | shall | shirt |
| short | shout | than | there | touch |

1 a _____ day   바쁜 하루

2 a little _____   어린 아이

3 a gray _____   회색 셔츠

4 a _____ story   짧은 이야기

5 near _____   거기 근처에

E 우리말 뜻에 맞도록 빈칸에 알맞는 영어 단어를 써넣으세요.

1 나를 건드리지 마.   Don't _____ me.

2 소리치지 마!   Don't _____!

3 어쨌든 고맙습니다.   _____ you anyway.

4 이 시계는 정확하다.   This _____ is exact.

5 나는 감기에 걸렸다.   I _____ a cold.

F 다음 영어 문장을 우리말로 옮기세요.

1 I want to buy a melon. _____

2 Change your clothes. _____

3 I shall start tomorrow. _____

4 I am older than you. _____

5 The girl has lost her wallet. _____

217

641 **pick**
[pik 픽] 동 고르다, 따다

642 **quick**
[kwik 퀵] 형 빠른

643 **stick**
[stik 스틱] 명 막대기, 스틱

644 **chopstick**
[tʃápstìk 찹스틱] 명 젓가락

645 **thick**
[θik 씩] 형 두꺼운

646 **truck**
[trʌk 트럭] 명 화물차, 트럭

647 **picnic**
[píknik 피크닉] 명 소풍, 피크닉

648 **along**
[əlɔ́ːŋ 얼로-옹] 전 ~을 따라서

649 **among**
[əmʌ́ŋ 어멍] 전 ~사이에

650 **long**
[lɔːŋ 로-옹] 형 긴

651 **song**
[sɔːŋ 소-옹] 명 노래

652 **strong**
[strɔːŋ 스트로-옹] 형 강한

653 **wrong**
[rɔːŋ 로-옹] 형 잘못된, 틀린

654 **ceiling**
[síːliŋ 시-일링] 명 천장

655 **evening**
[íːvniŋ 이-브닝] 명 저녁

656 **spring**
[spriŋ 스프링] 명 봄, 스프링

to _____ grapes
포도를 **따다**

a house _____ the trees
나무들 **사이에** 있는 집

a _____ movement
빠른 동작

a _____ night
긴 밤

a hiking _____
하이킹용 **스틱**

a popular _____
인기 있는 **노래**

pick up with _____s
젓가락으로 집어 들다

a _____ wind
강한 바람

a _____ book
두꺼운 책

a _____ answer
틀린 답

drive a _____
트럭을 운전하다

a fly on the _____
천장의 파리

a _____ in the park
공원에서의 **소풍**

early in the _____
저녁 일찍

walk _____ the street
길을 **따라** 걷다

bed _____s
침대 **스프링**

<u>Pick</u> a number from one to twenty.
고르다

He is <u>quick</u> in action.
빠른

This <u>stick</u> measures three feet.
막대기

I usually use <u>chopstick</u>s.
젓가락

Slice the bread <u>thick</u>.
두꺼운

The <u>truck</u> is behind the car.
트럭

This is the best place for a <u>picnic</u>.
피크닉

They are running <u>along</u> the beach.
~을 따라서

The red apple is <u>among</u> the green apples.
~사이에

She has <u>long</u> hair.
긴

Ally sings a <u>song</u>.
노래

You're the <u>strong</u> one, you know that?
강한

It is <u>wrong</u> to tell a lie .
틀린

This room has a low <u>ceiling</u>.
천장

I'll see you tomorrow <u>evening</u>.
저녁

<u>Spring</u> has come, winter is gone.
봄

1에서 20까지의 수 중에서 하나를 고르시오.

그는 행동이 빠르다.

이 막대기의 길이는 3피트이다.

나는 대개 젓가락을 사용한다.

빵을 두껍게 썰어라.

트럭이 승용차 뒤에 있다.

이곳이 피크닉 장소로 가장 좋아요.

그들은 해변을 따라 뛰고 있다.

빨간 사과는 파란 사과 사이에 있다.

그녀는 머리가 길다.

앨리가 노래를 부른다.

넌 강해, 알지?

among apples   **between apples**

거짓말하는 것은 나쁘다.

이 방은 천장이 낮다.

내일 저녁에 봐.

겨울은 가고 봄이 왔다.

657 **you**
[ju: 유-] 때 너, 너희들

658 **young**
[jʌŋ 영] 형 젊은

659 **cross**
[krɔːs 크로-스] 동 가로지르다

660 **across**
[əkrɔ́ːs 어크로-스] 전 ~의 건너편에(가로질러)

661 **dial**
[dáiəl 다이얼] 명 다이얼

662 **piano**
[piǽnou 피애노우] 명 피아노

663 **on**
[ɔːn 오-온] 전 ~위에, ~에 접하여

664 **lion**
[láiən 라이언] 명 사자

665 **question**
[kwéstʃən 퀘스천] 명 질문

666 **station**
[stéiʃən 스테이션] 명 역

667 **vacation**
[veikéiʃən 베이케이션] 명 방학, 휴가

668 **dictionary**
[díkʃənèri 딕셔네리] 명 사전

669 **matter**
[mǽtər 매터] 명 문제

670 **meter**
[míːtər 미-터] 명 미터

671 **water**
[wɔ́ːtər 워-터] 명 물

672 **tiger**
[táigər 타이거] 명 호랑이

between _____ and me
너와 나 사이에

ask a _____
질문하다

a _____ man
젊은이

arrive at the _____
역에 도착하다

_____ the street
길을 가로지르다

the summer _____
여름방학

run _____ the street
거리를 가로질러 달리다

an English-Korean _____
영한사전

turn a ____
다이얼을 돌리다

a little _____
사소한 문제

practice at the _____
피아노를 연습하다

run a hundred _____s
100미터를 달리다

bicycle ___ the road
도로 위의 자전거

drink a glass of _____
물 한 잔을 마시다

a pride of ____s
사자 한 무리

_____s roar
호랑이가 으르렁거리다

You look good.
너

Tom's uncle is **young**, clever, and rich too.
젊은

The roads **cross** each other.
교차하다

The supermarket is **across** the street.
~의 건너편에

Turn the **dial** clockwise.
다이얼

I can play the **piano**.
피아노

They are **on** the table.
~위에

The **lion** is lying on the ground.
사자

May I ask you a **question**?
질문

A train is in the **station**.
역

What will you do this **vacation**?
방학

The **dictionary** is very good.
사전

What's the **matter**?
문제

The snow is one **meter** deep.
미터

I'll fetch you a glass of **water**.
물

A **tiger** is bigger than a cat.
호랑이

너 좋아 보인다.

톰의 삼촌은 젊고 영리한 데다가 부자이기도 해.

그 도로들은 서로 교차한다.

슈퍼마켓은 길 건너편에 있다.

다이얼을 시계 반대 방향으로 돌려라.

난 피아노를 칠 수 있어.

그것들은 탁자 위에 있다.

사자가 땅바닥에 누워 있다.

질문 하나 해도 될까요?

기차가 역에 있다.

이번 방학 때 뭐 할 거니?

그 사전은 매우 좋다.

무슨 문제 있니?

눈이 1미터나 쌓였다.

물 한 컵 가져다 줄게.

호랑이는 고양이보다 크다.

A 다음 영어 단어의 뜻을 빈칸에 써넣으세요.

1 stick _____ 2 song _____

3 ceiling _____ 4 evening _____

5 spring _____ 6 dictionary_____

B 우리말 뜻에 해당하는 영어 단어를 빈칸에 써넣으세요.

1 다이얼 _____ 2 피아노 _____

3 질문 _____ 4 방학 _____

5 소풍 _____ 6 물 _____

C 그림을 보고 해당하는 영어 단어를 연결해보세요.

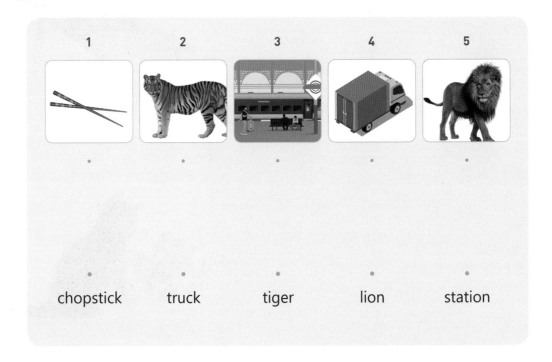

| 1 | 2 | 3 | 4 | 5 |

chopstick   truck   tiger   lion   station

D 보기에서 우리말 뜻에 해당하는 단어를 찾아 빈칸에 써넣으세요.

across	along	cross	long	matter
meter	quick	strong	thick	wrong

1 a _____ book   두꺼운 책

2 a _____ night   긴 밤

3 a _____ wind   강한 바람

4 a _____ lie   나쁜 거짓말

5 a little _____   사소한 문제

E 우리말 뜻에 맞도록 빈칸에 알맞는 영어 단어를 써넣으세요.

1 그는 행동이 빠르다.   He is _____ in action.

2 그 도로들은 서로 교차한다.   The roads _____ each other.

3 그것들은 탁자 위에 있다.   They are _____ the table.

4 눈이 1미터나 쌓였다.   The snow is one _____ deep.

5 너 좋아 보인다.   _____ look good.

F 다음 영어 문장을 우리말로 옮기세요.

1 Pick a number from one to twenty. _____

2 They are running along the beach. _____

3 The red apple is among the green apples. _____

4 The supermarket is across the street. _____

5 Tom's uncle is young, clever, and rich too. _____

673 **sign**
[sain 사인] 몡 기호, 사인 통 서명하다

674 **begin**
[bigín 비긴] 통 시작하다

675 **engine**
[éndʒin 엔진] 몡 기관, 엔진

676 **build**
[bild 빌드] 통 짓다

677 **guitar**
[gitá:r 기타-] 몡 기타

678 **quiet**
[kwáiət 콰이엇] 혱 조용한

679 **middle**
[mídl 미들] 몡 중앙, 가운데

680 **million**
[míljən 밀리언] 몡 100만

681 **minute**
[mínit 미닛] 몡 분

682 **idea**
[aidí:ə 아이디-어] 몡 생각, 아이디어

683 **kid**
[kid 키드] 몡 아이

684 **stupid**
[stjú:pid 스튜-피드] 혱 어리석은

685 **sure**
[ʃuər 슈어] 혱 확신하는, 확실한

686 **picture**
[píktʃər 픽처] 몡 그림, 사진

687 **ribbon**
[ríbən 리번] 몡 띠, 리본

688 **print**
[print 프린트] 통 인쇄하다, 프린트하다

_____ a letter

편지에 **서명하다**

_____ a test

테스트를 **시작하다**

a steam _____

증기 **기관**

_____ a house

집을 **짓다**

play the _____

기타를 치다

a _____ room

조용한 방

the _____ of the road

도로의 **중앙**

an audience of _____s

수 **백 만** 명의 청중

five _____s past three

3시 **5분**

a very good ____

아주 좋은 **아이디어**

a little ___

어린 **아이**

a _____ person

어리석은 사람

a ____ method

확실한 방법

a souvenir _____

기념 **사진**

a yellow _____

노란 **리본**

_____ posters

포스터를 **인쇄하다**

Mark the plus <u>sign</u>.
기호

School <u>begins</u> at 9 a.m.
시작하다

The <u>engine</u> died.
엔진

Henry <u>builds</u> a dog house.
짓다

The <u>guitar</u> has six strings.
기타

She is <u>quiet</u> in action.
조용한

She sat on the <u>middle</u> chair.
가운데

Nine <u>million</u> people live here.
100만

It takes 15 <u>minutes</u> on foot.
분

What a clever <u>idea</u>!
생각

<u>Kids</u> love cookies.
아이들

Don't do that <u>stupid</u> thing.
어리석은

I'm <u>sure</u> of his success.
확신하는

Jenny likes to draw a <u>picture</u>.
그림

She has a red <u>ribbon</u> in her hair.
띠

How do I get it to <u>print</u>?
프린트하다

플러스 기호(+)를 표시해라.

학교는 오전 9시에 시작한다.

엔진이 멈췄다.

헨리는 개집을 짓는다.

기타는 줄이 여섯 개다.

그녀의 행동은 조용하다.

그녀는 가운데 의자에 앉았다.

9백만 명의 사람들이 여기에 살고 있다.

걸어서 15분 걸린다.

정말 재치 있는 생각이군!

아이들은 과자를 좋아한다.

그렇게 어리석은 짓 좀 하지 마.

나는 그의 성공을 확신한다.

제니는 그림 그리는 것을 좋아한다.

그녀는 빨간 머리띠를 하고 있다.

프린트하려면 어떻게 해야 돼요?

689 **visit**
[vízit 비지트] 동 방문하다

690 **switch**
[switʃ 스위치] 명 스위치

691 **with**
[wið 위드] 전 ~와 함께(같이)

692 **video**
[vídiòu 비디오우] 명 비디오

693 **village**
[vílidʒ 빌리지] 명 마을

694 **violin**
[vàiəlín 바이얼린] 명 바이올린

695 **movie**
[múːvi 무-비] 명 영화

696 **office**
[ɔ́ːfis 오-피스] 명 사무실, 근무처

697 **police**
[pəlíːs 펄리-스] 명 경찰

698 **practice**
[prǽktis 프랙티스] 명 연습 동 연습하다

699 **service**
[sə́ːrvis 서-비스] 명 서비스

700 **earth**
[əːrθ 어-쓰] 명 지구

701 **heart**
[hɑːrt 하-트] 명 마음

702 **pear**
[pɛər 페어] 명 배 <과일>

703 **year**
[jiəːr 이어-] 명 해, 년

704 **wear**
[wɛəːr 웨어-] 동 입다(신다, 쓰다, 끼다)

_____ in the country
시골을 **방문하다**

call the _____
경찰을 부르다

a light _____
전등 **스위치**

a _____ game
연습 경기

go_____ one's friends
~의 친구들**과 함께** 가다

self-_____
셀프**서비스**

watch a _____
비디오를 보다

live on the _____
지구에 살다

a quiet _____
조용한 **마을**

a kind _____
친절한 **마음씨**

an old _____
오래된 **바이올린**

a juicy _____
즙이 많은 **배**

a _____ theater
영화관

next _____
다음 **해**

go to the _____
출근하다

_____ light clothes
얇은 옷을 **입다**

In the evenings, friends would <u>visit</u>.
방문하다

Someone is turning on the <u>switch</u>.
스위치

He goes <u>with</u> anyone.
~와 함께

They are playing <u>video</u> games.
비디오

They looked around the <u>village</u>.
마을

Henry is playing the <u>violin</u>.
바이올린

They are <u>movie</u> stars.
영화

Bill went to the teacher's <u>office</u>.
사무실

Jenny's mother is a <u>police</u> officer.
경찰

I think I'll <u>practice</u> some more.
연습하다

I will do my <u>service</u> to my country.
봉사

The <u>earth</u> is round.
지구

You have a warm <u>heart</u>.
마음

These <u>pears</u> are very sweet.
배

We meet once a <u>year</u>.
년

I <u>wear</u> glasses.
쓰다

저녁에는 친구들이 방문하곤 했다.

누군가가 스위치를 켜고 있다.

그는 누구와도 잘 어울린다.

그들은 비디오 게임을 하고 있다.

그들은 마을을 둘러보았다.

헨리는 바이올린을 연주하고 있다.

그들은 영화배우이다.

빌은 교무실에 갔어.

제니 엄마는 경찰관이에요.

난 연습이나 더 할게.

나는 나라에 봉사할 생각이다.

지구는 둥글다.

넌 마음씨가 따뜻하구나.

이 배들은 정말 달다.

우리는 1년에 한 번 만나.

나는 안경을 쓴다.

A 다음 영어 단어의 뜻을 빈칸에 써넣으세요.

1 engine   ＿＿＿＿＿＿＿＿＿＿

2 guitar   ＿＿＿＿＿＿＿＿＿＿

3 middle   ＿＿＿＿＿＿＿＿＿＿

4 million   ＿＿＿＿＿＿＿＿＿＿

5 minute   ＿＿＿＿＿＿＿＿＿＿

6 idea   ＿＿＿＿＿＿＿＿＿＿

B 우리말 뜻에 해당하는 영어 단어를 빈칸에 써넣으세요.

1 그림   ＿＿＿＿＿＿＿＿＿＿

2 마음   ＿＿＿＿＿＿＿＿＿＿

3 마을   ＿＿＿＿＿＿＿＿＿＿

4 바이올린   ＿＿＿＿＿＿＿＿＿＿

5 영화   ＿＿＿＿＿＿＿＿＿＿

6 사무실   ＿＿＿＿＿＿＿＿＿＿

C 그림을 보고 해당하는 영어 단어를 연결해보세요.

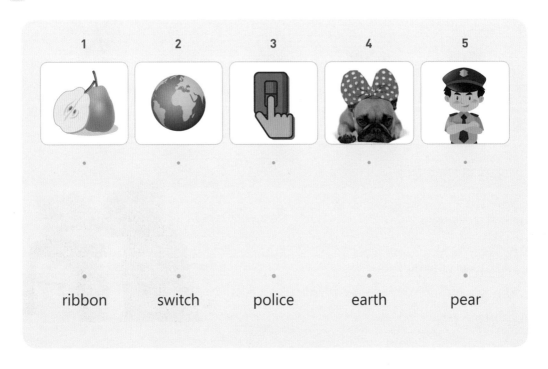

| 1 | 2 | 3 | 4 | 5 |

ribbon   switch   police   earth   pear

D 보기에서 우리말 뜻에 해당하는 단어를 찾아 빈칸에 써넣으세요.

| begin | kid | quiet | ign | stupid |
| sure | video | wear | with | year |

1 a _____ room   조용한 방

2 a little _____   어린 아이

3 a _____ person   어리석은 사람

4 watch a _____   비디오를 보다

5 next _____   다음 해

E 우리말 뜻에 맞도록 빈칸에 알맞는 영어 단어를 써넣으세요.

1 플러스 기호(+)를 표시해라.   Mark the plus _____.

2 학교는 오전 9시에 시작한다.   School _____ at 9 a.m.

3 그는 누구와도 잘 어울린다.   He goes _____ anyone.

4 나는 그의 성공을 확신한다.   I'm _____of his success.

5 나는 안경을 쓴다.   I _____ glasses.

F 다음 영어 문장을 우리말로 옮기세요.

1 Henry builds a dog house.   _____

2 In the evenings, friends would visit. _____

3 I think I'll practice some more. _____

4 I will do my service to my country. _____

5 How do I get it to print?   _____

먼저 눈으로 익히고 리듬을 타면서 큰소리로 읽어보세요.

705 **great**
[greit 그레이트] 형 큰, 위대한

706 **peace**
[piːs 피-스] 명 평화

707 **ready**
[rédi 레디] 형 준비된

708 **season**
[síːzn 시-즌] 명 계절

709 **of**
[ʌv 어브] 전 ~의

710 **off**
[ɔːf 오-프] 전 떨어져서, 멀리

711 **orange**
[ɔ́ːrindʒ 오-린지] 명 오렌지

712 **strange**
[streindʒ 스트레인지] 형 이상한

713 **turn**
[təːrn 터-언] 동 돌다, 회전시키다

714 **return**
[ritə́ːrn 리터-언] 동 되돌아가다(오다)

715 **student**
[stjúːdənt 스튜-던트] 명 학생

716 **study**
[stʌ́di 스터디] 동 공부하다

717 **want**
[wɔnt 원트] 동 원하다

718 **wash**
[wɑʃ 와쉬] 동 씻다

719 **yeah**
[jɛə 예어] 감 응, 그래 <찬성/긍정>

720 **yes**
[jes 예스] 감 예, 응 <대답>

a _____ animal
큰 동물

love _____
평화를 사랑하다

be _____ to go to school
학교에 갈 준비가 되어 있다

the summer _____
여름철

a quarter __ a cake
케이크의 4분의 1

three miles ___
3마일 떨어져서

_____ peel
오렌지 껍질

a _____ sound
이상한 소리

_____ right
오른쪽으로 돌다

_____ home
집에 돌아가다

a bad _____
나쁜 학생

_____ English
영어를 공부하다

_____ a cell phone
휴대폰을 원하다

_____ oneself
목욕하다

Oh, _____.
아, 맞아.

say "___"
"네"라고 말하다

His father is a <u>great</u> artist.
위대한

They work for world <u>peace</u>.
평화

Are you <u>ready</u>?
준비된

Apples are in <u>season</u> now.
계절

What's the title <u>of</u> the song?
~의

<u>Take off</u> the coat.
(옷 등을) 벗다

<u>Oranges</u> are juicy.
오렌지

A <u>strange</u> thing happened.
이상한

<u>Turn</u> left at the crossing.
돌다

She will <u>return</u> soon.
되돌아오다

She is a diligent <u>student</u>.
학생

Students have to <u>study</u> hard.
공부하다

Plants <u>want</u> water.
원하다

<u>Wash</u> your hands before you eat.
씻다

<u>Yeah</u>, why not?
그래

<u>Yes</u>, I'm fine.
응

그의 아버지는 위대한 예술가이다.

그들은 세계 평화를 위해 일한다.

준비 됐니?

사과는 지금이 제철이다.

그 노래의 제목이 뭐니?

코트를 벗어라.

오렌지는 즙이 많다.

이상한 일이 일어났다.

교차로에서 왼쪽으로 돌아라.

그녀는 곧 돌아올 거야.

그녀는 부지런한 학생이야.

학생들은 열심히 공부해야 한다.

식물은 물이 필요하다.

먹기 전에 손을 씻어라.

그러게, 안 될 것 없지?

응, 괜찮아.

241

721 **happen**
[hǽpən 해픈] 동 일어나다, 생기다

722 **happy**
[hǽpi 해피] 형 행복한

723 **laugh**
[læf 래프] 동 웃다

724 **enough**
[inʌ́f 이너프] 형 충분한 부 충분히

725 **through**
[θru: 쓰루-] 전 ~을 통해(관통하여)

726 **once**
[wʌns 원스] 부 한 번

727 **piece**
[pi:s 피-스] 명 조각

728 **space**
[speis 스페이스] 명 공간, 우주

729 **half**
[hæf 해프] 명 반, 2분의 1

730 **medal**
[médl 메들] 명 메달

731 **chalk**
[tʃɔ:k 초-크] 명 분필

732 **talk**
[tɔ:k 토-크] 동 말하다

733 **walk**
[wɔ:k 워-크] 동 걷다

734 **world**
[wə:rld 워-얼드] 명 세계

735 **work**
[wə:rk 워-크] 동 일하다

736 **word**
[wə:rd 워-드] 명 말, 단어

_____ an accident

사고가 **일어나다**

a _____ story

행복한 이야기

_____ heartily

실컷 **웃다**

_____ food

충분한 음식

pass _____ a town

시내**를 통과**하다

_____ a week

일주일에 **한 번**

a _____ of bread

빵 한 **조각**

time and _____

시간과 **공간**

_____ of an apple

사과 **반쪽**

take the silver _____

은**메달**을 따다

a white _____

하얀 **분필**

_____ too much

말이 너무 많다

_____ to the school

학교까지 **걷다**

globe 지구본
[gloub 글로우브]

a map of the _____

세계**지도**

_____ on the farm

농장에서 **일하다**

a _____ of advice

충고 한 **마디**

This must never <u>happen</u> again.
일어나다

I feel <u>happy</u>.
행복한

Don't <u>laugh</u>! I mean it.
웃다

Take <u>enough</u> vitamin C.
충분히

The sand ran <u>through</u> my fingers.
~을 통해

Her mother was an actress <u>once</u>.
한 때

Bill is eating a <u>piece</u> of pie.
조각

He is interested in <u>space</u>.
우주

<u>Half</u> of 2 is 1.
반

She won three Olympic gold <u>medal</u>s.
메달

I need a piece of <u>chalk</u>.
분필

Don't <u>talk</u> nonsense!
말하다

Do not <u>walk</u> so fast.
걷다

They traveled around the <u>world</u>.
세계

My mother only <u>works</u> mornings.
일하다

What's the meaning of this <u>word</u>?
단어

이런 일이 다시는 일어나선 안 된다.

나는 행복감을 느낀다.

웃지 마! 난 진심이야.

비타민 C를 충분히 섭취하세요.

모래가 내 손가락 사이로 흘러 내렸다.

그녀의 엄마는 한 때 배우였다.

빌이 파이 한 조각을 먹고 있다.

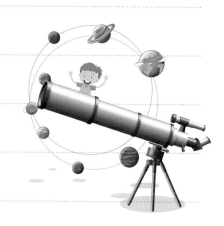

그는 우주에 관심이 있다.

2의 반은 1이다.

그녀는 올림픽 금메달을 세 개 땄다.

분필 한 개가 필요하다.

터무니없는 소리 마!

그렇게 빨리 걷지 마.

그들은 세계를 두루 여행했다.

우리 엄마는 오전에만 일해요.

이 단어의 뜻이 뭐죠?

A 다음 영어 단어의 뜻을 빈칸에 써넣으세요.

1 peace   _____

2 season   _____

3 study   _____

4 want   _____

5 wash   _____

6 laugh   _____

B 우리말 뜻에 해당하는 영어 단어를 빈칸에 써넣으세요.

1 돌다   _____

2 우주   _____

3 말하다   _____

4 걷다   _____

5 일하다   _____

6 단어   _____

C 그림을 보고 해당하는 영어 단어를 연결해보세요.

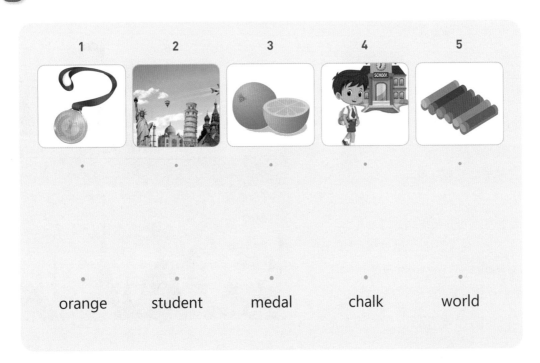

| 1 | 2 | 3 | 4 | 5 |

orange   student   medal   chalk   world

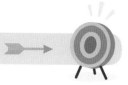

D 보기에서 우리말 뜻에 해당하는 단어를 찾아 빈칸에 써넣으세요.

enough	great	happen	happy	off
piece	ready	return	strange	through

1 a _____ animal   큰 동물

2 a _____ sound   이상한 소리

3 a _____ story   행복한 이야기

4 _____ food   충분한 음식

5 a _____ of bread   빵 한 조각

E 우리말 뜻에 맞도록 빈칸에 알맞는 영어 단어를 써넣으세요.

1 준비 됐니?   Are you _____?

2 코트를 벗어라.   Take _____ the coat.

3 2의 반은 1이다.   _____ of 2 is 1.

4 그러게, 안 될 것 없지?   _____, why not?

5 응, 괜찮아.   _____, I'm fine.

F 다음 영어 문장을 우리말로 옮기세요.

1 Accidents will happen.   _____

2 What's the title of the song?   _____

3 The sand ran through my fingers. _____

4 Her mother was an actress once. _____

5 She will return soon.   _____

737 **uncle**
[ʌ́ŋkl 엉클] 몡 삼촌

738 **understand**
[ʌ̀ndərstǽnd 언더스탠드] 동 이해하다

739 **until**
[əntíl 언틸] 전 ~까지

740 **aunt**
[ænt 앤트] 명 아주머니, 이모, 고모

741 **front**
[frʌnt 프런트] 명 앞, 정면

742 **from**
[frʌm 프럼] 전 ~으로부터, ~에서

743 **come**
[kʌm 컴] 동 오다

744 **become**
[bikʌ́m 비컴] 동 ~이 되다

745 **welcome**
[wélkəm 웰컴] 동 환영하다

746 **learn**
[ləːrn 러-언] 동 배우다

747 **leave**
[liːv 리-브] 동 떠나다, 남기다

748 **lose**
[luːz 루-즈] 동 잃다

749 **love**
[lʌv 러브] 명 사랑 동 사랑하다

750 **have**
[hæv 해브] 동 가지고 있다

751 **keep**
[kiːp 키-입] 동 지키다, 보관하다

752 **between**
[bitwíːn 비트위-인] 전 ~의 사이에

my _____ Jim

우리 집 **삼촌**

_____ a visit

방문을 **환영하다**

_____ well

잘 **이해하다**

_____ how to skate

스케이트를 **배우다**

_____ noon

정오**까지**

_____ home

집을 **떠나다**

his _____

그의 **고모**

____ one's purse

지갑을 **잃어 버리다**

the _____ of a house

집의 **정면**

_____ and hate

사랑과 미움

hate

_____ A to B

A**에서** B까지

love

_____ a bat

배트를 **가지고 있다**

_____ to see me

나를 만나러 **오다**

goal _____

골을 **지키다**

_____ a teacher

선생님이 **되다**

a secret _____ you and me

너와 나 **사이의** 비밀

His <u>uncle</u> is a teacher.
삼촌

This book is easy to <u>understand</u>.
이해하다

He waited <u>until</u> rain stopped.
~까지

This is my <u>aunt</u>.
이모

Billy sits in <u>front</u> of the building.
앞

This is a letter <u>from</u> my friend.
~로부터

<u>Come</u> here.
오다

I want to <u>become</u> a doctor.
~이 되다

<u>Welcome</u> to my house.
환영하다

I want to <u>learn</u> English.
배우다

Bill will <u>leave</u> tomorrow.
떠나다

I <u>lost</u> my key.
잃다(lose)

My mom <u>loves</u> me very much.
사랑하다

I <u>have</u> a backpack.
가지고 있다

I <u>kept</u> the balls in the box.
보관하다(keep)

The cat is <u>between</u> the dogs.
~의 사이에

그의 삼촌은 선생님이다.

이 책은 이해하기에 쉽다.

그는 비가 그칠 때까지 기다렸다.

이 분은 제 이모예요.

빌리는 그 건물 앞에 앉아 있다.

이것은 내 친구에게서 온 편지다.

여기로 와.

나는 의사가 되고 싶다.

우리 집에 온 것을 환영해.

나는 영어를 배우고 싶어.

빌은 내일 떠날 거야.

열쇠를 잃어 버렸어.

우리 엄마는 나를 무척 사랑하신다.

나는 백팩을 가지고 있다.

나는 공을 상자에 보관했다.

고양이가 개들 사이에 있다.

753 **record**
[rekɔ́ːrd 레코-드] 图 기록하다, 녹음하다

754 **repeat**
[ripíːt 리피-트] 图 반복하다

755 **care**
[kɛər 케어] 圀 걱정 图 돌보다

756 **into**
[íntu 인투] 圂 ~의 안으로

757 **introduce**
[ìntrədjúːs 인트러듀-스] 图 소개하다

758 **usual**
[júːʒuəl 유-주얼] 阃 보통의, 평소의

759 **cousin**
[kʌ́zn 커즌] 圀 사촌

760 **famous**
[féiməs 페이머스] 阃 유명한

761 **use**
[júːs 유-스] 图 사용하다, 쓰다

762 **because**
[bikɔ́ːz 비코-즈] 圙 ~때문에

763 **excuse**
[ikskjúːz 익스큐-즈] 图 용서하다

764 **course**
[kɔːrs 코-스] 圀 과정, 코스

765 **hour**
[áuər 아워] 圀 시간

766 **paper**
[péipər 페이퍼] 圀 종이

767 **supper**
[sʌ́pər 서퍼] 圀 저녁식사, 만찬

768 **supermarket**
[súːpərmàːrkit 수-퍼마-킷] 圀 슈퍼마켓

_____ a song on tape

노래를 테이프에 **녹음하다**

____ a book

책을 **사용하다**

_____ news

뉴스를 **반복하다**

_____ it rained

비가 왔기 **때문에**

the ____ of a baby

아기를 **돌보다**

_____ a fault

잘못을 **용서하다**

jump ____ the pool

풀 **안으로** 뛰어들다

change the _____

진로를 바꾸다

_____ my friend

내 친구를 **소개하다**

half an ____

반**시간**[30분]

at the _____ time

평소 시간에

a daily _____

일간**지**

a distant _____

먼 친척벌 **사촌**

a late _____

늦은 **저녁식사**

_____ pictures

유명한 그림

go to the _____

슈퍼마켓에 가다

He kept a <u>record</u> of his trip.
기록

Could you <u>repeat</u> that?
반복하다

<u>Take care</u> of yourself.
조심하다

They went <u>into</u> the tent.
~의 안으로

Let me <u>introduce</u> myself.
소개하다

He arrived later than <u>usual</u>.
보통의

This is my <u>cousin</u>.
사촌

He is a <u>famous</u> actor.
유명한

<u>Use</u> your spoon, please.
사용하다

I didn't go outside <u>because</u> it was raining.
~때문에

<u>Excuse</u> me, is this your seat?
용서하다

I plan to take a computer <u>course</u>.
과정

I exercise for two <u>hours</u> a day.
시간

<u>Paper</u> tears easily.
종이

I had <u>supper</u> already.
저녁식사

Jenny buys food at the <u>supermarket</u>.
슈퍼마켓

그는 자신의 여행을 기록했다.

다시 한 번 말씀해 주시겠습니까?

몸 조심해.

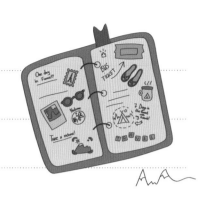

그들은 텐트 안으로 들어갔다.

제 소개를 할게요.

그는 보통 때보다 늦게 도착했다.

얘는 내 사촌이야.

그는 유명한 배우이다.

숟가락을 사용하세요.

비가 와서 밖에 나가지 않았다.

실례합니다, 이거 당신 자리인가요?

컴퓨터 과정을 받을 계획이야.

나는 하루에 2시간 동안 운동을 해.

종이는 쉽게 찢어진다.

난 벌써 저녁식사를 했어.

제니는 슈퍼마켓에서 식품을 산다.

A 다음 영어 단어의 뜻을 빈칸에 써넣으세요.

1 front _____ 2 love _____

3 have _____ 4 keep _____

5 record _____ 6 introduce _____

B 우리말 뜻에 해당하는 영어 단어를 빈칸에 써넣으세요.

1 반복하다 _____ 2 유명한 _____

3 사용하다 _____ 4 용서하다 _____

5 코스 _____ 6 시간 _____

C 그림을 보고 해당하는 영어 단어를 연결해보세요.

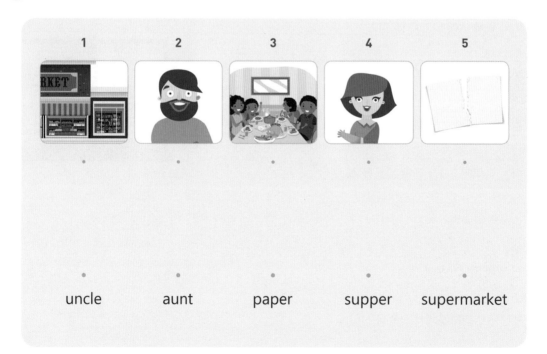

| 1 | 2 | 3 | 4 | 5 |

uncle   aunt   paper   supper   supermarket

D 보기에서 우리말 뜻에 해당하는 단어를 찾아 빈칸에 써넣으세요.

become	between	care	cousin	from
into	learn	leave	until	usual

1 _____ noon   정오까지

2 _____ A to B   A에서 B까지

3 the _____ of a baby   아기를 돌보다

4 at the _____ time   평소 시간에

5 a distant _____   먼 친척벌 사촌

E 우리말 뜻에 맞도록 빈칸에 알맞는 영어 단어를 써넣으세요.

1 여기로 와.   _____ here.

2 나는 영어를 배우고 싶어.   I want to _____ English.

3 빌은 내일 떠날 거야.   Bill will _____ tomorrow.

4 열쇠를 읽어 버렸어.   I _____ my key.

5 그들은 텐트 안으로 들어갔다.   They went _____ the tent.

F 다음 영어 문장을 우리말로 옮기세요.

1 This book is easy to understand. _____

2 I want to become a doctor. _____

3 Welcome to my house. _____

4 I kept the balls in the box. _____

5 The cat is between the dogs. _____

먼저 눈으로 익히고 리듬을 타면서 큰소리로 읽어보세요.

769 **Mr.**
[místər 미스터] 명 ~씨

770 **Mrs.**
[mísiz 미시즈] 명 ~씨, 부인

771 **Miss**
[mis 미스] 명 ~씨(양)

772 **ma'am**
[mæm 맴] 명 아주머니

773 **club**
[klʌb 클럽] 명 동아리, 클럽

774 **climb**
[klaim 클라임] 동 오르다

775 **clothes**
[klouðz 클로우드즈] 명 옷

776 **o'clock**
[əklak 어클락] 부 ~시(정각)

777 **camera**
[kǽmərə 캐머러] 명 카메라

778 **crayon**
[kréiən 크레이언] 명 크레용

779 **travel**
[trǽvəl 트레벌] 동 여행하다

780 **soup**
[su:p 수-웁] 명 수프

781 **group**
[gru:p 그루-웁] 명 단체, 그룹

782 **pretty**
[príti 프리티] 형 예쁜

783 **present**
[preznt 프레즌트] 명 선물 형 지금의

784 **problem**
[prábləm 프라블럼] 명 문제

with the help of ___ Kim

김 **씨**의 도움으로

an old _____

오래된 **카메라**

Mr. and _____ Kim

김 **선생님 부부**

draw with _____s

크레용으로 그리다

_____ Jones

존슨 **양**

_____ abroad

해외 **여행을 하다**

Hello, _____.

안녕하세요, **아주머니**.

vegetable _____

야채**수프**

join a ____

클럽에 가입하다

a _____ tour

단체 여행

_____ a mountain

산을 **오르다**

a _____ doll

예쁜 인형

put on _____

옷을 입다

in the _____ situation

지금 상황에서

at two _____

2**시**에

an easy _____

쉬운 **문제**

May I speak to <u>Mr.</u> Kim?
~씨

Mr. and <u>Mrs.</u> Kim have two sons.
부인

<u>Miss</u> Grace, you are a good tutor.
~양

May I help you, <u>ma'am</u>?
아주머니

I joined the tennis <u>club</u>.
클럽

Monkeys <u>climb</u> well.
오르다

He is putting on his <u>clothes</u>.
옷

It's almost ten <u>o'clock</u>.
~시

The <u>camera</u> is on the bed.
카메라

The picture is drawn with a <u>crayon</u>.
크레용

I like to <u>travel</u> by train.
여행하다

This <u>soup</u> is too thin.
수프

I started a study <u>group</u>.
그룹

What a <u>pretty</u> dress!
예쁜

It's your birthday <u>present</u>.
선물

What's the <u>problem</u>?
문제

김 선생님과 통화할 수 있을까요?

김 선생님 부부는 아들이 둘 있다.

그레이스 양, 당신은 훌륭한 선생님이세요.

도와 드릴까요, 아주머니?

나는 테니스 클럽에 가입했다.

원숭이는 나무에 잘 오른다.

그는 옷을 입고 있다.

거의 열 시가 다 되었다.

카메라가 침대 위에 있다.

그 그림은 크레용으로 그려진 거야.

난 기차 여행을 좋아해.

이 수프는 너무 묽어.

난 스터디 그룹을 시작했어.

정말 예쁜 드레스야!

네 생일 선물이야.

무슨 문제라도 있니?

785 **war**
[wɔːr 워-] 몡 전쟁

786 **sugar**
[ʃúgər 슈거] 몡 설탕

787 **warm**
[wɔːrm 워-엄] 혱 따뜻한

788 **apartment**
[əpáːrtmənt 어파-트먼트] 몡 아파트

789 **square**
[skwɛəːr 스퀘어-] 몡 정사각형

790 **excite**
[iksáit 익사이트] 동 흥분시키다

791 **example**
[igzǽmpl 이그잼플] 몡 예, 보기

792 **excellent**
[éksələnt 엑설런트] 혱 우수한, 뛰어난

793 **exercise**
[éksərsàiz 엑서사이즈] 몡 운동, 연습

794 **captain**
[kǽptin 캡틴] 몡 우두머리, 주장

795 **desk**
[desk 데스크] 몡 책상

796 **milk**
[milk 밀크] 몡 우유

797 **swim**
[swim 스윔] 동 수영하다

798 **month**
[mʌnθ 먼쓰] 몡 달(월)

799 **taxi**
[tǽksi 택시] 몡 택시

800 **download**
[dáunlòud 다운로우드] 동 다운로드하다

win a ____

전쟁에 이기다

hard _____

힘든 **연습**

a spoonful of _____

설탕 한 숟갈

the _____ of our team

우리팀 **주장**

a _____ day

따뜻한 날씨

study at a ____

책상에서 공부하다

a new _____

새 **아파트**

fresh ____

신선한 **우유**

draw a _____

정사각형을 그리다

_____ in the sea

바다에서 **헤엄치다**

_____ oneself

흥분하다

last _____

지난 **달**

show an _____

예를 보이다

go by ____

택시로 가다

an _____ meal

훌륭한 식사

_____ a file

파일을 **다운받다**

The country is now at <u>war</u>.
전쟁

<u>Sugar</u> melts in water.
설탕

Spring is <u>warm</u>.
따뜻한

My <u>apartment</u> is on the fifth floor.
아파트

A <u>square</u> has four equal sides.
정사각형

The movie <u>excited</u> us.
흥분시키다

Here is an <u>example</u>.
보기

His uncle is an <u>excellent</u> musician.
뛰어난

Jogging is a good <u>exercise</u>.
운동

She is the <u>captain</u> of the team.
주장

The cat is under the <u>desk</u>.
책상

<u>Milk</u> is healthy food.
우유

Peter knows how to <u>swim</u>.
수영하다

There are twelve <u>months</u> in a year.
달(월)

A <u>taxi</u> driver should be kind.
택시

I need you to <u>download</u> a file for me.
다운로드하다

그 나라는 지금 전쟁 중이다.

설탕은 물에 녹는다.

봄은 따뜻하다.

우리 아파트는 5층에 있어.

정사각형은 네 변의 길이가 같다.

그 영화는 우리를 흥분시켰다.

여기에 보기가 하나 있다.

그의 삼촌은 뛰어난 음악가이다.

조깅은 좋은 운동이다.

그녀는 그 팀의 주장이다.

고양이가 책상 아래 있다.

우유는 몸에 좋은 음식이다.

피터는 수영을 할 줄 안다.

1년은 12개월이다.

택시 운전기사는 친절해야 한다.

파일 하나만 다운로드 받아 줘.

A 다음 영어 단어의 뜻을 빈칸에 써넣으세요.

1 club _____ 2 clothes _____

3 soup _____ 4 group _____

5 present _____ 6 problem _____

B 우리말 뜻에 해당하는 영어 단어를 빈칸에 써넣으세요.

1 전쟁 _____ 2 설탕 _____

3 아파트 _____ 4 정사각형 _____

5 주장 _____ 6 다운로드 _____

C 그림을 보고 해당하는 영어 단어를 연결해보세요.

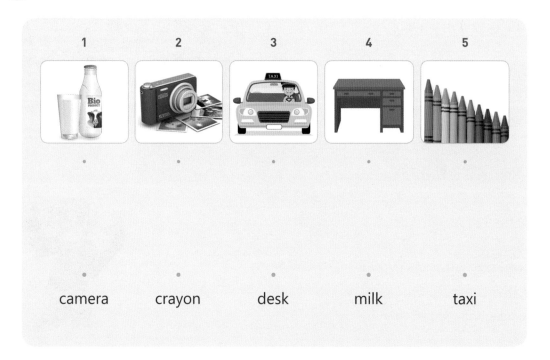

| 1 | 2 | 3 | 4 | 5 |

camera   crayon   desk   milk   taxi

D 보기에서 우리말 뜻에 해당하는 단어를 찾아 빈칸에 써넣으세요.

climb	Miss	o'clock	ma'am	pretty
Mrs.	swim	travel	Mr.	warm

1 with the help of _____ Kim   김 씨의 협조로

2 Mr. and _____ Kim   김 선생님 부부

3 _____ Jones   존슨 양

4 Hello, _____.   안녕하세요, 아주머니.

5 at two _____   2시에

E 우리말 뜻에 맞도록 빈칸에 알맞는 영어 단어를 써넣으세요.

1 원숭이는 나무에 잘 오른다.   Monkeys _____ well.

2 나는 기차 여행을 좋아한다.   I like to _____ by train.

3 봄은 따뜻하다.   Spring is _____.

4 여기에 보기가 하나 있다.   Here is an _____.

5 정말 예쁜 드레스야!   What a _____ dress!

F 다음 영어 문장을 우리말로 옮기세요.

1 It was an exciting game.   _____

2 His uncle is an excellent musician. _____

3 Peter knows how to swim.   _____

4 There are twelve months in a year. _____

5 Jogging is a good exercise.   _____

Practice Test

해답

01 (01~02 일째)

A
1. 고양이   2. 마지막의   3. 행동하다
4. 손   5. 모레   6. 땅

B
1. camp   2. bath   3. man
4. lamp   5. set   6. band

C
1. dad   2. stamp   3. island
4. map   5. cap

D
1. at   2. get   3. can
4. bad   5. and

E
1. fat   2. hat   3. fact
4. fast   5. stand

F
1. 마룻바닥이 젖었어요.
2. 그는 아주 미쳤다.
3. 그 광대는 슬퍼 보여요.
4. 나가게 허락해 주세요.
5. 그 페인트 아직 안 밀랐어.

02 (03~04 일째)

A
1. 가스   2. 은행   3. 식물
4. 바지   5. 뒤쪽   6. 끝

B
1. bed   2. hen   3. pen
4. bench   5. center   6. spend

C
1. candle   2. candy   3. animal
4. plane   5. glass

D
1. as   2. class   3. chance
4. plan   5. then

E
1. classrmate   2. Pass   3. angry
4. handle   5. dance

F
1. 뭐 물어봐도 돼?
2. 너 그 답 맞혔니?
3. 그녀의 머리카락은 검다.
4. 나는 그녀에게 편지를 보낸다.
5. 소방차는 빨간 색이다.

03 (05~06 일째)

A 1. 테스트 2. 서쪽 3. 잘
   4. 철자를 쓰다 5. 빈 6. 냄새가 나다

B 1. neck 2. wall 3. dress
   4. dead 5. head 6. heavy

C 1. melon 2. bread 3. bell
   4. egg 5. temple

D 1. sell 2. address 3. very
   4. every 5. hello

E 1. Rest 2. Tell 3. leg
   4. lesson 5. help

F 1. 다시는 그러지 마.
   2. 기구가 바로 머리 위에 있다.
   3. 다음 가수가 등장했다.
   4. 그 상자는 장난감으로 가득하다.
   5. 빌리가 수레를 끈다.

04 (07~08 일째)

A 1. 아들 2. 채우다 3. ~까지
   4. 도시 5. 언덕 6. 핀

B 1. win 2. drink 3. think
   4. hiking 5. swing 6. thing

C 1. ring 2. fish 3. king
   4. pig 5. dish

D 1. south 2. big 3. thin

4. ink 5. sing

E 1. ill 2. kill 3. will
   4. it 5. hit

F 1. 똑바로 앉아라.
   2. 고양이가 안으로 들어가고 싶어 한다.
   3. 그는 분홍색 셔츠를 입었다.
   4. 차 한 잔만 갖다 줘.
   5. 나비는 날개를 가지고 있다.

05 (09~10 일째)

A 1. 표 2. 음악 3. ~아니다
   4. 끝내다 5. 고정시키다 6. 부드러운

B 1. film 2. shop 3. box
   4. body 5. bottle 6. pilot

C 1. tulip 2. dolphin 3. finger
   4. lip 5. ship

D 1. give 2. sick 3. live
   4. doll 5. stop

E 1. trip 2. kicked 3. left
   4. dollars 5. Follow

F 1. 개가 먼지 속에서 뒹굴고 있다.
   2. 나는 많은 돈을 갖고 있다.
   3. 뜨거운 물 한 잔 주세요.
   4. 새들이 집 꼭대기에 있다.
   5. 나는 어디선가 지갑을 떨어뜨렸다.

06 (11~12 일째)

A
1. 엄마 2. 바위 3. 즐거운
4. 앨범 5. 북 6. 숫자

B
1. summer 2. luck 3. bus
4. brush 5. butter 6. woman

C
1. duck 2. sun 3. clock
4. umbrella 5. socks

D
1. job 2. just 3. coffee
4. cup 5. button

E
1. God 2. Copy 3. run
4. lunch 5. cut

F
1. 머리를 (계속) 들고 있어라.
2. 가고 싶은데, 안 돼.
3. 사자가 막대기를 뛰어넘는다.
4. 그 이야기는 사실임에 틀림없어.
5. 말을 너무 많이 하지 마.

07 (13~14 일째)

A
1. 바구니 2. 주머니 3. 정글
4. 병원 5. 수도 6. 목록

B
1. radio 2. salad 3. grass
4. knife 5. tennis 6. noise

C
1. banana 2. rocket 3. potato
4. pencil 5. tomato

D
1. gentle 2. enjoy 3. listen

4. fresh 5. If

E
1. Open 2. Often 3. hundred
4. little 5. parents

F
1. 뒤에서 밀지 마.
2. 너를 만나서 기뻐.
3. 할머니께서는 노래를 아주 잘 부르신다.
4. 헬멧을 쓰는 것은 안전하다.
5. 나는 연필 하나가 필요하다.

08 (15~16 일째)

A
1. 알다 2. 두드리다 3. 결혼하다
4. 배고픈 5. 운전하다 6. 식당

B
1. game 2. date 3. skate
4. tape 5. age 6. page

C
1. bridge 2. table 3. grape
4. gate 5. mirror

D
1. narrow 2. rich 3. interest
4. late 5. later

E
1. tomorrow 2. hurry 3. river
4. arrives 5. friend

F
1. 그는 내 이름조차 몰랐어.
2. 우리는 같은 동네에 산다.
3. 난 느끼한 음식을 정말 싫어해.
4. 그것은 어떤 모양입니까?
5. 그녀는 야채수프를 좋아한다.

09 (17~18 일째)

A 1. 호수   2. 케이크   3. 만들다
4. 장소   5. 무지개   6. 물감

B 1. pay   2. say   3. gray
4. way   5. lady   6. step

C 1. train   2. mail   3. face
4. baby   5. subway

D 1. base   2. case   3. day
4. after   5. afraid

E 1. Take   2. wake   3. rain
4. waste   5. Wait

F 1. 5월에는 31일이 있다.
2. 집 밖에서 놀아라.
3. 나는 이곳에 머무르고 싶다.
4. 그는 여기서 두 블록 떨어진 곳에 산다.
5. 우리는 혀로 맛을 본다.

10 (19~20 일째)

A 1. 공기   2. 바다   3.먹다
4. 무릎   5. 치즈   6. 필요하다

B 1. sheep   2. deep   3. fine
4. pine   5. hair   6. green

C 1. tree   2. queen   3. airport
4. chair   5. deer

D 1. fair   2. he   3. seat

4. free   5. speed

E 1. stairs   2. be   3. tea
4. meat   5. week

F 1. 이 귀고리의 한 짝은 어디 있지?
2. 시골에서는 별을 볼 수 있어.
3. 그녀에게 미안하다고 느꼈다.
4. 올빼미는 낮에 잠을 잔다.
5. 빌리는 줄의 맨 앞에 있다.

11 (21~22 일째)

A 1. 동쪽   2. 쉬운   3. 가르치다
4. 증기   5. 팀   6. 말하다

B 1. beach   2. street   3. meet
4. near   5. dream   6. clean

C 1. ear   2. bear   3. apple
4. cream   5. leaf

D 1. sheet   2. sweet   3. I
4. weak   5. beautiful

E 1. cheap   2. lead   3. break
4. Please   5. read

F 1. 그것은 실제 유니콘처럼 생겼습니다.
2. 새가 노래하는 걸 들었어요.
3. 사람들은 매일 물을 마신다.
4. 앤디는 달력을 걸고 있다.
5. 우리는 벽에 페인트를 칠하고 있어요.

12 (23~24 일째)

A 1. 모델 2. 사이즈 3. 미끄럼틀
4. 숨다 5. 얼음 6. 쌀

B 1. die 2. tie 3. field
4. pipe 5. time 6. hole

C 1. smoke 2. juice 3. note
4. bicycle 5. hose

D 1. side 2. twice 3. high
4. white 5. write

E 1. ride 2. wide 3. beside
4. nice 5. Hi

F 1. 거짓말을 하면 안 된다.
2. 그의 입술에 미소가 떠올랐다.
3. 10대는 우리의 희망이다.
4. 그녀는 노래하는 걸 좋아해요.
5. 시계가 3시를 친다.

13 (25~26 일째)

A 1. 종류 2. 바람 3. 밝은
4. 불빛 5. 밤 6. 오른쪽

B 1. straight 2. tonight 3. sky
4. cold 5. fire 6. here

C 1. eye 2. window 3. gold
4. bag 5. flag

D 1. behind 2. ago 3. again
4. by 5. bye

E 1. found 2. cry 3. try
4. Hold 5. Oh

F 1. 아이들은 하늘 높이 연을 날렸다.
2. 아직 싸움은 끝나지 않았다.
3. 그는 피곤해졌다.
4. 그의 유니폼은 낡았다.
5. 이제 손이 다 말랐어요.

14 (27~28 일째)

A 1. 난로 2. 자 3. 과일
4. 돌 5. 전화기 6. 호텔

B 1. coat 2. road 3. soap
4. nose 5. rose 6. cook

C 1. robot 2. television 3. glove
4. book 5. dog

D 1. blue 2. No 3. to
4. post 5. board

E 1. move 2. true 3. Go
4. so 5. Look

F 1. 빌은 어제 숙제를 안 했다.
2. 즐겁게 놀아라, 알았지?
3. 문을 닫아 주세요.
4. 호수 위에 배 한 척이 있다.
5. 나는 과학에서 영점을 받았다.

15 (29~30 일째)

A 1. 눈 2. 느린 3. 노란색의
4. 동물원 5. 방 6. 이

B 1. food 2. wood 3. pool
4. school 5. afternoon 6. door

C 1. spoon 2. roof 3. moon
4. foot 5. balloon

D 1. low 2. bowl 3. too
4. good 5. fool

E 1. Show 2. below 3. soon
4. poor 5. cool

F 1. 많은 나무들이 숲에서 자란다.
2. 아이들이 돌을 던지고 있다.
3. 갑자기 바람이 분다.
4. 꼼짝 마, 움직이면 쏜다.
5. 교실은 2층에 있다.

16 (31~32 일째)

A 1. 오늘 2. 휴일 3. 어제
4. 홀 5. 소금 6. 파티

B 1. park 2. card 3. market
4. garden 5. eraser 6. soccer

C 1. arm 2. farm 3. star
4. ball 5. car

D 1. all 2. tall 3. large

4. dark 5. home

E 1. Call 2. falling 3. small
4. always 5. some

F 1. 그 사람은 여기서 멀리 떨어져 산다.
2. 처음부터 다시 시작하세요.
3. 그 벽돌은 매우 단단하다.
4. 나는 너를 용서하지 않을 거야.
5. 내 생일은 3월 1일이야.

17 (33~34 일째)

A 1. 자매 2. 포스터 3. 겨울
4. 형제 5. 아버지 6. 어머니

B 1. shoulder 2. dinner 3. danger
4. silver 5. girl 6. birthday

C 1. flower 2. skirt 3. hamburger
4. computer 5. bird

D 1. other 2. shower 3. circle
4. few 5. new

E 1. dirty 2. news 3. corner
4. remember 5. together

F 1. 내 인형이 침대 밑에 있다.
2. 거기서 너를 보고 놀랐어.
3. 아이에게 담요를 덮어 주어라.
4. 손님, 예약하셨습니까?
5. 나는 배도 고프고 목도 마른다.

해답

18 [35~36 일째]

A 1. 아침 2. 폭풍 3. 이야기
4. 북쪽 5. 1,000 6. 점수

B 1. store 2. curtain 3. cloud
4. house 5. sport 6. mountain

C 1. nurse 2. horse 3. mouth
4. doctor 5. fork

D 1. or 2. color 3. before
4. loud 5. out

E 1. sorry 2. hurt 3. shut
4. forgot 5. burned

F 1. 난 여기서 1주일 동안 머무를 거야.
2. 너를 놀래줄 일이 있어.
3. 내 신발을 어디 두셨어요?
4. 1부터 10까지 세어 보자.
5. 이 책은 동물에 관한 내용이다.

19 [37~38 일째]

A 1. 둥근 2. 소리 3. 운동장
4. 갈색의 5. 아래로 6. 도시

B 1. boy 2. oil 3. autumn
4. strawberry 5. library 6. family

C 1. toy 2. diary 3. cow
4. coin 5. sweater

D 1. around 2. any 3. many
4. early 5. only

E 1. join 2. Draw 3. How
4. Weather 5. country

F 1. 지금 뭐 해?
2. 나는 그 점에서 그의 의견에 동의해요.
3. 그는 항상 카메라를 들고 다닌다.
4. 나는 아침을 맛있게 먹었다.
5. 그녀는 브라운 씨의 딸입니다.

20 [39~40 일째]

A 1. 돈 2. 부엌 3. 그녀
4. 저것 5. 그들 6. 이것

B 1. what 2. where 3. when
4. which 4. who 6. why

C 1. church 2. shoe 3. key
4. monkey 5. chicken

D 1. busy 2. child 3. shirt
4. short 5. there

E 1. touch 2. shout 3. Thank
4. watch 5. caught

F 1. 멜론을 사고 싶다.
2. 옷 갈아 입어.
3. 나는 내일 출발할 거야.
4. 나는 너보다 나이가 많아.
5. 그 소녀는 지갑을 잃어버렸다.

274

21 (41~42 일째)

A
1. 막대기   2. 노래   3. 천장
4. 저녁   5. 봄   6. 사전

B
1. dial   2. piano   3. question
4. vacation   5. picnic   6. water

C
1. chopstick   2. tiger   3. station
4. truck   5. lion

D
1. thick   2. long   3. strong
4. wrong   5. matter

E
1. quick   2. cross   3. on
4. meter   5. You

F
1. 1에서 20까지의 수 중에서 하나를 고르시오.
2. 그들은 해변을 따라 뛰고 있다.
3. 빨간 사과는 파란 사과 사이에 있다.
4. 슈퍼마켓은 길 건너편에 있다.
5. 톰의 삼촌은 젊고 영리한 데다가 부자이기도 해.

22 (43~44 일째)

A
1. 엔진   2. 기타   3. 가운데
4. 100만   5. 분   6. 생각

B
1. picture   2. heart   3. village
4. violin   5. movie   6. office

C
1. pear   2. earth   3. switch
4. ribbon   5. police

D
1. quiet   2. kid   3. stupid

4. video   5. year

E
1. sign   2. begins   3. with
4. sure   5. wear

F
1. 헨리는 개집을 짓는다.
2. 저녁에는 친구들이 방문하곤 했다.
3. 난 연습이나 더 할게.
4. 나는 나라에 봉사할 생각이다.
5. 프린트하려면 어떻게 해야 돼요?

23 (45~46 일째)

A
1. 평화   2. 계절   3. 공부하다
4. 원하다   5. 씻다   6. 웃다

B
1. turn   2. space   3. talk
4. walk   5. work   6. word

C
1. medal   2. world   3. orange
4. student   5. chalk

D
1. great   2. strange   3. happy
4. enough   5. piece

E
1. ready   2. off   3. Half
4. Yeah   5. Yes

F
1. 이런 일이 다시는 일어나선 안 된다.
2. 그 노래의 제목이 뭐니?
3. 모래가 내 손가락 사이로 흘러 내렸다.
4. 그녀의 엄마는 한때 배우였다.
5. 그녀는 곧 돌아올 거야.

24 (47~48 일째)

A
1. 앞
2. 사랑
3. 가지고 있다
4. 지키다
5. 기록하다
6. 소개하다

B
1. repeat
2. famous
3. use
4. excuse
5. course
6. hour

C
1. supermarket
2. uncle
3. supper
4. aunt
5. paper

D
1. until
2. from
3. care
4. usual
5. cousin

E
1. Come
2. learn
3. leave
4. lost
5. into

F
1. 이 책은 이해하기에 쉽다.
2. 나는 의사가 되고 싶다.
3. 우리 집에 온 것을 환영해.
4. 나는 공을 상자에 보관했다.
5. 고양이가 개들 사이에 있다.

25 (49~50 일째)

A
1. 클럽
2. 옷
3. 수프
4. 그룹
5. 선물
6. 문제

B
1. war
2. sugar
3. apartment
4. square
5. captain
6. download

C
1. milk
2. camera
3. taxi
4. desk
5. crayon

D
1. Mr.
2. Mrs.
3. Miss
4. ma'am
5. o'clock

E
1. climb
2. travel
3. warm
4. example
5. pretty

F
1. 흥미진진한 경기였다.
2. 그의 삼촌은 뛰어난 음악가이다.
3. 피터는 수영을 할 줄 안다.
4. 1년은 12개월이다.
5. 조깅은 좋은 운동이다.

부록

be동사 am, ar, is 사용법

✿ 주어가 단수(한 사람/하나)일 때

나	I	am	happy.	나는 행복하다.
당신	You	are	tall.	너는 키가 크다.
나·당신 이외의 사람과 물건	He	is	busy.	그는 바쁘다.
	She		pretty.	그녀는 귀엽다.
	It		a desk.	그것은 책상이다.
	Tom		a singer.	톰은 가수이다.
	Mary		a teacher.	메리는 선생이다.
	My father		a doctor.	나의 아버지는 의사이다.
	This		my bag.	이것은 내 가방이다.
	Our dog		white.	우리 개는 하얗다.
	Your house		big.	당신의 집은 크다.

✿ 주어가 복수(두 사람/두 개 이상)일 때

우리들	We		happy.	우리는 행복하다.
당신들	You		tall.	당신들은 키가 크다.
나·당신 이외의 사람들과 물건	They	are	busy.	그들은 바쁘다.
	Tom and Mary		singers.	톰과 메리는 가수이다.
	My parents		teachers.	나의 부모는 선생님이다.
	Those		elephants.	그것들은 코끼리이다.
	Her dogs		cute.	그녀의 개는 귀엽다.
	These apples		sweet.	이 사과들은 달다.

* am, are, is는 'be동사'라고 하는 동사의 활용형으로 영어에는 두 가지 동사 형태가 있어요.
하나는 위의 'be동사'이고, 다른 하나는 동작이나 작용, 상태를 나타내는 '일반동사'가 있죠.

대명사의 변화

✸ 단수(한 사람/하나)일 때

	~은(는)	~의	~을(를)	~의 것
나	I	my	me	mine
당신	you	your	you	yours
그	he	his	him	his
그녀	she	her	her	hers
그것	it	its	it	—

✸ 복수(두 사람/두 개 이상)일 때

	~은(는)	~의	~을(를)	~의 것
우리들	we	our	us	ours
당신들	you	your	you	yours
그들				
그녀들	they	their	them	theirs
그것들				

✸ 참고

	~은(는)	~의	~을(를)	~의 것
Tom	Tom	Tom's	Tom	Tom's
Mary	Mary	Mary's	Mary	Mary's

* '~은(는)'은 주격, '~의'는 소유격, '~을(를)'은 목적격, '~의 것'은 소유대명사라고 해요.

Whose pen is that?
저건 누구 펜이야?

It's mine.
내 것이야.

동사의 불규칙 변화형

① A - A - A 형

현재형	과거형	과거분사	의미
cast	cast	cast	던지다
cost	cost	cost	비용이 들다
cut	cut	cut	자르다
hit	hit	hit	치다
hurt	hurt	hurt	상처를 입히다
let	let	let	시키다
put	put	put	놓다
set	set	set	두다
shut	shut	shut	닫다
upset	upset	upset	뒤엎다
bet	bet	bet	내기하다

② A - B - A 형

현재형	과거형	과거분사	의미
become	became	become	~이 되다
come	came	come	오다
run	ran	run	달리다

③ A - A - B 형

현재형	과거형	과거분사	의미
beat	beat	beaten	때리다

④ **A - B - B 형**

현재형	과거형	과거분사	의 미
bend	bent	bent	구부리다
bring	brought	brought	가져오다
buy	bought	bought	사다
catch	caught	caught	잡다
deal	dealt	dealt	다루다
feed	fed	fed	먹이를 주다
feel	felt	felt	느끼다
fight	fought	fought	싸우다
hear	heard	heard	듣다
hold	held	held	잡다, 손에 들다
keep	kept	kept	지키다
lead	led	led	이끌다
leave	left	left	떠나다
lend	lent	lent	빌려주다
lose	lost	lost	잃다
mean	meant	meant	의미하다
meet	met	met	만나다
pay	paid	paid	지불하다
say	said	said	말하다
seek	sought	sought	찾다, 구하다
sell	sold	sold	팔다
shoot	shot	shot	쏘다
sleep	slept	slept	잠자다
spend	spent	spent	소비하다

spin	spun	spun	돌다
stand	stood	stood	서다
stick	stuck	stuck	찌르다
strike	struck	struck	치다
teach	taught	taught	가르치다
think	thought	thought	생각하다
win	won	won	이기다

⑤ A - B - C 형

현재형	과거형	과거분사	의 미
begin	began	begun	시작하다
bite	bit	bitten	물다
blow	blew	blown	불다
break	broke	broken	부수다
choose	chose	chosen	고르다
draw	drew	drawn	끌다
drink	drank	drunk	마시다
drive	drove	driven	운전하다
eat	ate	eaten	먹다
fly	flew	flown	날다
forget	forgot	forgotten	잊다
freeze	froze	frozen	얼다
grow	grew	grown	성장하다
hide	hid	hidden	숨기다
know	knew	known	알다

ride	rode	ridden	타다
ring	rang	rung	울리다
rise	rose	risen	오르다
shake	shook	shaken	흔들다
show	showed	shown	보이다
sing	sang	sung	노래하다
sink	sank	sunk	가라앉다
speak	spoke	spoken	말하다
steal	stole	stolen	훔치다
swim	swam	swum	수영하다
throw	threw	thrown	던지다
wear	wore	worn	입다
write	wrote	written	쓰다

⑥ 혼동하기 쉬운 불규칙동사

현재형	과거형	과거분사	의미
bind	bound	bound	묶다
bound	bounded	bounded	되튀다
fall	fell	fallen	떨어지다, 쓰러지다
fell	felled	felled	쓰러뜨리다
find	found	found	발견하다
found	founded	founded	세우다, 창립하다
fly	flew	flown	날다
flow	flowed	flowed	흐르다
lie	lay	lain	눕다

lie	lied	lied	거짓말하다
lay	laid	laid	눕히다
sit	sat	sat	앉다
set	set	set	두다
wind	wound	wound	감다
wound	wounded	wounded	상처를 입히다
welcome	welcomed	welcomed	환영하다
overcome	overcame	overcome	이겨내다, 극복하다
bear	bore	borne	참다
bear	bore	born	낳다
bid	bade	bidden	명령하다, 말하다
bid	bid	bid	값을 매기다
hang	hung	hung	걸다
hang	hanged	hanged	교수형에 처하다

영어의 단축형

① -n't

aren't	←	are not		isn't	←	is not
wasn't	←	was not		weren't	←	were not
don't	←	do not		doesn't	←	does not
didn't	←	did not		can't	←	can not, cannot
mustn't	←	must not		won't	←	will not
haven't	←	have not		hasn't	←	has not
couldn't	←	could not		shouldn't	←	should not
hadn't	←	had not				

② -'m

I'm	←	I am

③ -'re

you're	←	you are		we're	←	we are
they're	←	they are				

④ -'s

he's	←	he is, he has		she's	←	she is, she has
it's	←	it is, it has		that's	←	that is, that has
here's	←	here is		there's	←	there is
what's	←	what is		who's	←	who is
where's	←	where is		how's	←	how is

⑤ -'ll

I'll	←	I will	you'll	←	you will
he'll	←	he will	it'll	←	it will
we'll	←	we will	they'll	←	they will
that'll	←	that will	there'll	←	there will

⑥ -'ve

I've	←	I have	you've	←	you have
we've	←	we have	they've	←	they have

⑦ -'d

I'd	←	I would, I should, I had
you'd	←	you would, you had
he'd	←	he would, he had
we'd	←	we would, we should, we had